2

楚尘
文化
Chu Chen

北京楚尘文化传媒有限公司 出品

_ 3

薄薄的故乡

王小帅

中信出版集团 | 北京

THE DAYS
17:e

teborg
ilm Festival
4-13 Februari 1994

_ 王小帅 _ 薄薄的故乡 _ 06

序

“你老家是哪里的？”

这是中国人见面最常用的一个客套问题。然而在我这里，它就真的成了问题。

熟悉我的朋友会为我打圆场，说这个问题可复杂了，我来替他回答吧：父亲是山东人，祖上闯关东去了丹东，然后又到了合肥。他出生在上海，几个月大就去了贵阳，在贵阳长大，然后又去武汉，在武汉上中学，十五岁就到北京上学，毕业以后被分配到福建，现在人在北京，但是户口在河北涿州。所以，[redacted]。你说他是哪里人？

我确实无法说清自己究竟是哪里人。这样的回答我自己也重复过无数次。

问话的人或许还会说，这不难啊，你出生在上海，就是上海人啊。可是我出生才几个月就随父母内迁走了，连户口都没有上过，我怎么好意思说我是上海人呢？

问话的人又会说，那你户口本上的祖籍是哪里呢？我的户口本上写的是“辽宁丹东”。父亲不愿意填写“贵阳”，就把祖上闯过的地方当成了我的祖籍，而那个地方连我父亲都没有去过，那个时候人们不讲出生地，又不愿意把他出生地青岛让给我，只讲老一辈的祖籍，所以直到现在，我莫名其妙地当着辽宁人。

每到这个时候，发问者就哑口了。

实际上一直到拍《青红》之前，为了让这个问题简单化，我都会回答“贵阳”，因为我从有记忆起就在那里生活、成长，那里是我看得见、摸得着的老家，或者说“故乡”。事情在《青红》的时候发生了变化。为了看景我回到离开了二十多年的地方，少年时的伙伴们重又聚在一起。众多少年时的记忆重新被唤起——这些记忆于我来说是全部，对

_序 _07

他们来说却只是一些遥远而模糊的片断，它们存在过，但早已被后来漫长的岁月覆盖了。

更让我吃惊的是他们用纯正的贵阳话交流着，偶尔冒出的两句上海话似乎是在照顾我这个外来者，只有这偶尔的“乡音”让我确信眼前的他们还是他们。“贵阳话听不懂了吧？”“我是贵阳人怎么可能听不懂？”就在我说我是贵阳人的时候，有一个同学用一种从鼻孔里冒出来的声音讥讽道，“你怎么可能是贵阳人？我们才是贵阳人呢。”

这句话瞬间击碎了我心中本来就脆弱的幻影。是的，一个十三岁就离开了的人，还有谁会接受你是他们中的一员呢？贵阳作为故乡这根稻草就此断裂。心目中自以为的故乡在同学轻描淡写的一句话中彻底化为乌有。

从那次起，我就开始在那句问题面前“凌乱”。有时候为了能像听到“你吃了吗？”一样简单应付，就说“我没有故乡”。

一个没有故乡的人却要去写故乡，不免让人困惑。

在和编辑讨论书稿的时候，我们谈到，实际上现在人们的“故乡感”已经越来越淡化，哪里都一样了，更多故乡的意味只能在记忆里去寻找。这使我释然了许多。是的，物理上的故乡越来越同质的今天，保存记忆其实就是在保存精神上的故乡。

你可以失去故乡，但不可以失去记忆。记忆将成为另一种故乡本身，很多时候，你可以通过记忆回到故乡，无论你身在何时，何处。

写下这本书，就是试图用文字找回“故乡”，或者是用文字把“故乡”变成记忆装进纸页，在其中找回我薄薄的故乡。

_ 王小帅 _ 薄薄的故乡 _ 08

_ 09

1989年[redacted]，我从电影学院毕业了。随即被分配到福建电影制片厂，在等待去报到的一年时间里，我继续在北京游荡。快要走的时候，我再次爬上长城，以为以后不知道何年何月才能回来了，于是这么打扮了一下，用右手食指对着自己头比划着，

再见，北京。

_王小帅 _薄薄的故乡 _10

11

_王小帅 _薄薄的故乡 _12

我已经离他很近了，被押送走的时候，他回头看了我一眼，当时我心想，完了，他记住我了，他会回来报复我的……那是个遥远的春天的早上，比那个春天更遥远的是那里的山水，贵阳的山，贵阳的水，我已经是一个少年，正每天期待自己马上长大

_ 13

镜中无光

_ 王小帅 _ 薄薄的故乡 _ 14

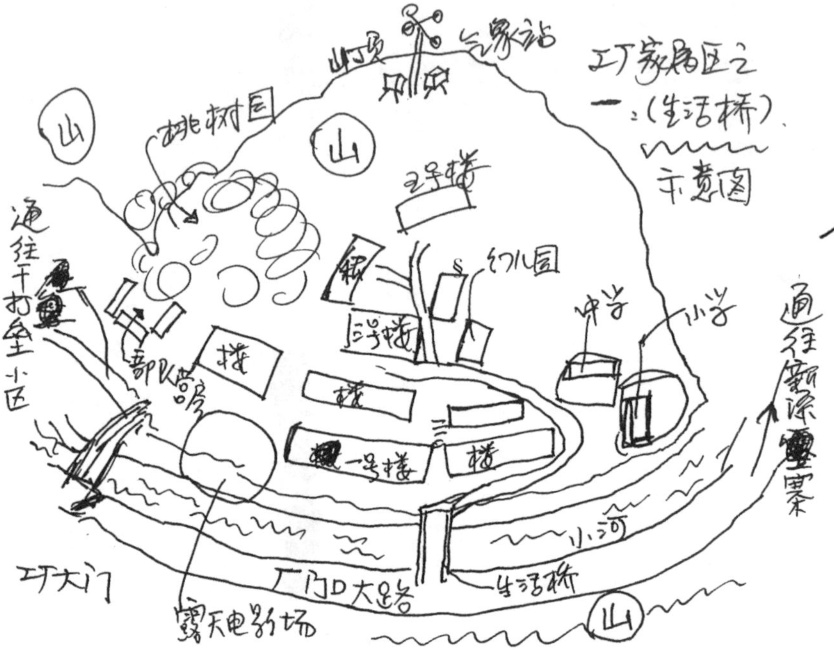

一声一声枪响从河对岸传来，我们看到他从河岸跳入水中，水深及腰，子弹在他两边左右开花，击在水面上。水似有强大的吸力，子弹瞬间被吸入，发出“啾啾”的声音。他挣扎着爬上岸，向我们的小学校跑来。两个没穿警服的警察出现在对岸，看到他已上岸，就分别从两边包抄，这边要通过我们面前的生活桥 ，那边要绕道学校的正面。我们从楼边跳起来，向他跑过去，不远不近地。我忘了当时心里是希望他跑掉还是被抓住。就在我对这两个愿望还没做出抉择的时候，奇怪的一幕发生了，他不跑了，瘫软在地上，两只手臂反剪着伸向空中，也就是束手待毙的样子。有两个体育老师上来抓住了他。那两个

_镜中无光 _15

★ 当年几个家属区之一：岩石桥的示意图.
十三年的大部分时光都在这里渡过。至今这些桥和楼都还在，只是周边起了不少新楼，河水已经被化的液污染了。小河没那么宽，画时无意中放大了。

警察赶过来，用枪托砸他的后脊。我已经离他很近了，被扭送走的时候，他回头看了我一眼，当时我心想，完了，他记住我了，他会回来报复我的 。 →电影《我11》的逃犯部分与此内容相关

这一幕发生在 1975 年的春天，那一年我 9 岁，按照南方人的习惯，人们如果问你，你应该说虚岁，就是我 10 岁。

那是个遥远的春天的早上，比那个春天更遥远的是那里的山水，贵阳的山，贵阳的水。我已经是一个少年，正每天期待自己马上长大。

父母说我是 1966 年 5 月 22 日出生的，而到了那年 9 月底，也就是我出生后 4 个月，我就随着父母从上海迁到了贵阳郊区的这个地方。这个地方在贵阳叫乌当区，新添寨，四面环山。工厂从山里沿着家门前的小河修了一条路，这条路就通往寨子。记忆中寨子就是外面，贵阳市就是宇宙中心了。父亲后来从厂里调出来，进入了贵州省京剧团，在童年到少年的记忆里，我有几次偶尔能享受到去宇宙的中心，就是去省京剧团看父亲排练样板戏，这样的长途旅行我记得有两到三次。

大部分的时间，我们小孩子就在这四面有山的小山坳里游荡。在生活区后面的山上，可以采到板栗。板栗外面是一圈绿色的外壳，外壳上长满了长长的刺，像极了一个刺猬。小心地

_王小帅 _薄薄的故乡 _16

● 我有一个很怪的印象，就是一条鱼在水里长到快半尺长的时候，我就不敢去抓了，只能看着那黑油油青灰色的背，淡定地在水里游弋，我竟会怕它。

摘一个下来，再用鞋底在地上搓，把刺搓掉，然后扒开外壳，就看到里面褐色的板栗。我记得我喜欢生吃，拿回去炒熟了以后会缺了生的时候那股清甜的香味。蜻蜓有时候在空中停在你眼前，这样的时候一般我们不去抓它，因为这完全不可能。但是如果它停在某根小草上，那就不一样了。所以，在河边，在田埂上，你会看到许多少年，面对着一个方向，弓着腰，缩着头，手探向鼻子的前方，一步一步地小心挪动，很像许多打仗的电影里日本鬼子的工兵在路上探地雷。如果抓住一个，就用线头在蜻蜓的头和腰部之间绑上，手抓着线的另一头，重新让它飞，小孩就跟着跑，这样的玩耍也就一会儿，因为一会儿之后线头就耷拉下来了，性急的孩子无论再怎样扯，死了的蜻蜓是再也不可能飞了。

门前的那条河，无论宽度和深度刚好称得上是河而不是水沟或小溪。那里面的小鱼从上面看下去有着半透明似的灰白的身体，你站进水里，用手从后面包抄过去，鼻子几乎已经贴在水面上，你屏住呼吸，一点一点地包过去。我记得一百次这样努力的合拢，最后的场景都一定是个绝望的小孩，在水花四溅中大叫一声“我碰到它了”！所以这样的抓鱼一般也就是一个小孩想抓到一条鱼的愿望而已。

_镜中无光 _17

山和水在一定范围内是归我们私有的，超过一定范围就不是了。比如小河快到寨子的地方，也就是工厂修的路快到寨子的地方，很自然就归了当地的孩子们了。他们经常在山上，你不小心进入了他们的范围，泥块就从山上扔下来了，所以我们的旅行一般就到这里结束，并迅速离开是非之地。我们的旅行有时也借助交通工具，解放牌卡车从厂里出来，经过家属区，我们就从后面追上它，用手扒在车后的铁链或任何能搭手的地方，脚蹬保险杠下面的某个拖钩上，大一点的孩子脚就直接蹬在保险杠上，我们就可以比跑着快许多倍地穿过我们这片领地，到了上面我说的区域前再纷纷跳下来，在返回的过程中人人脸上荡漾着经历了生死危险之后的兴奋和刺激的表情。但我更喜欢坐马车。经常有农民们的马车经过，大部分是卸完货物之后的空车，车夫坐在马后面的车辕上，抽着烟，鞭子斜搭在肩上，不急不慢地溜达过来，“嘚，嘚，嘚嘚”，我们追上去，翻身坐在一起一伏的车架后面。遇到脾气不好的车夫会骂一句让我们滚下来，但无论遇到骂与不骂的车夫我们都不理他，顾自坐着。我喜欢这个时候，因为这比走着快，又比卡车慢，而且毕竟是新奇的东西，能在刚刚好的时间里一颠一颠地享受穿过我们这片领地的马车旅行。

_王小帅 _薄薄的故乡 _18

实在想不起来，那时候的"三好生"是哪三好了？只记得有一个学习好，下面是思想好还是品德好？有没有一个身体好？那个时候到处飘舞着这样的奖状和喜报，人们都为此亢奋。

19

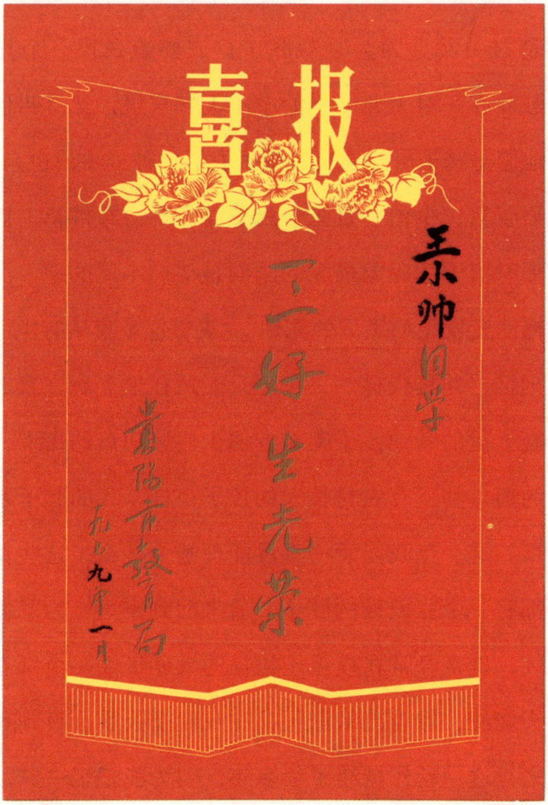

_ 王小帅 _ 薄薄的故乡 _ 20

应该是在三岁以前、所以我的最初的记忆是来自哪里

我跟厂里孩子不一样的地方，是我在更小的时候在厂外的寨子里待过。父母因为是双职工，需要给我找一个托养的地方。我被放在一对无儿无女的中年夫妇家里，父母叫他们少伯少妈，他们是寨子里的农民，除了农活之外，少伯也是个马夫。他们慈眉善目，少伯一直光着膀子穿一件白布搭衫，抽长长的烟斗。那时留下的印象最深的画面是他们小屋的地，泥地，已经被磨得油光发亮的黑黑的泥地，我想这是我从有生命开始的第一个记忆，并且很显然，我还只能趴在地上玩。第二个印象是我和寨子里的其他孩子爬在少伯少妈家门口的街上，一条满是泥巴的街，和所有农村长大的孩子一样，我的肚子胀鼓鼓地像个西瓜。这一点我以后一直没能理解为什么，这些在寨子里的孩子都有一个胀鼓鼓的肚子。后来回到家里，为了释放我肚子里的气，母亲经常在夜里用粗粝的大便纸卷一个纸卷，点上火将一头烧红，像点着的烟头，在我肚子上熏，直到我能放出一个屁来。这一动作持续了很多年，因为我记忆中妹妹经常趴在边上好奇地看，这说明，我妹妹已经出生很久了，我母亲还在夜里为我能放一个屁而操心。听母亲说，我妹妹比我省心。有时候我帮母亲在院子里做事，过了一段时间，我们发现忘了看看妹妹，母亲会大叫一声冲回屋里，结果妹妹只是淡定地抬

泥地不平、像是一个个馒头露在地表、硬硬的

_镜中无光 _21

头看我们一眼，继续坐在原地翻看着手里随便抓到的东西。我很惊讶，那么长一段时间，在我们想起她的存在之前，她就那么坐着，翻看着手里抓着的东西。

对寨子的另一个印象是赶集。每到赶集的时候，工厂里的工人都会去到寨子上。当时的工人在待遇上比周边的农人要好出很多，所以农人们觉得工人来了那就是有钱人来了，有时候不用钱，用各种票证也能换来许多东西。上海来的工人又被人形容为小气，所以沿寨子摆开的各种小地摊周围会出现各种讨价还价的声音，混杂着贵阳话、上海话和上海腔的贵阳话。街上走的有牛、马、狗，还有当地的汉人农民，穿着少数民族服装的苗人和来自上海、北京的工人，热热闹闹的。

※ 直到现在我也不知道当时父亲说的是真的还是开玩笑。他说你看那些苗族妇女穿着那么厚的裙子，一层一层的，其实她们里面是不穿内裤的，走到哪里，裙子一甩就坐在地上了。他说的时候还学着甩一下屁股的样子，我们听了哈哈大笑。于是我走过那些苗族妇女摆的摊子的时候，总会不由自主地联想到她们光光的屁股直接坐在泥地上的情景。但愿父亲那时候是在开玩笑。

_ 王小帅 _ 薄薄的故乡 _ 22

现在的贵阳，虽然在工业总值和人均收入上依然排在全国的末位，但美食却堪称天堂。贵阳人自嘲，虽然钱不多，但全用在吃上了。豆米火锅，豆豉火锅、香锅牛肉，肠旺面、手撕豆腐，牛肉粉

赶集似乎都是由美食带我们去的

我喜欢赶集是因为可以吃到在家里吃不到的东西。记忆中最喜欢的两样食物，一个是油饼，一个是牛肉粉。

油饼是在一个临街小铺外的油锅里炸出来的，母亲付了钱，就眼巴巴地等着属于我的那块出锅。油饼香极了，一口咬开，里面会有一些葱花、肉末，混杂着切成小丁的粉条，整个油饼吸满了油锅里的油。每次只能吃一个，多了母亲就不同意再买了。多年来一直对带馅的油饼感兴趣肯定和那时的印象有关，但遗憾的是，直到现在，不论走到哪里，再也没有吃到过那么好吃的油饼了。

再有一个就是贵阳的特色小吃牛肉粉了。离油饼摊不远有一家粉店，店里摆着几张矮桌子，店门口就是一口冒着热气的大锅，店小二一直不停地在锅里下粉、捞粉，然后放调料，加几片牛肉，辣椒面也是加好的，一视同仁，不管你能不能吃辣的，每碗都一样。每一口都会辣得人头皮发炸，拼命吸溜嘴，然后不等辣味消除，接着再吃，越辣越停不下来。桌子上还会摆着很多干净的碗，实在受不了了就拿个大碗到门口的自来水管子里接一碗凉水喝下去涮嘴。印象中不是我一个人被辣得够呛，周围很多当地人都不停地冲到水管边漱嘴，男人、女人、孩子围在水管边喝一口、涮一会、吐掉，每个人的两片嘴唇都

_镜中无光 _23

——酸汤鱼、沾水豆花饭、花江狗肉、乌江鱼，林林总总。不过这也是后来的事了，小时候从来没有见过有那么多好吃的

红红的，像肿了一样，漱完嘴再冲进去接着吃。一碗小小的牛肉粉竟吃得惊天动地。都知道贵阳人爱吃辣，我这半个贵阳人吃辣的本事应该就是这碗奇辣的牛肉粉练出来的吧。

——母亲说，我们家应该是上海来的人里面第一个接受吃辣的人家了。当然现在再回去，留在那里的上海人几乎已经是无辣不欢了。

不光是第一个吃辣，我们家还是全厂第一个养狗、吃狗的人家。父亲爱吃肉，只吃肉，蔬菜基本不碰。可是在那个年代要想满足他的愿望谈何容易，母亲总是把一星期的菜的份额尽量减少，攒到周末父亲回家好给他做一顿有肉的菜。当时供应紧张，为了让我们吃上肉，父母竟然去买病猪肉，明明知道是病猪肉也买来吃。万般无奈之下，父亲想到了狗。贵阳本身就有吃狗肉的习惯，直到现在，花江狗肉还是一道贵阳的名吃。父亲就从养狗开始，当然养狗的任务就落到了我身上。第一条狗我给他取名“花子”，花子黑白毛相间，没有尾巴，性格温顺。父亲在院子里给它搭了个窝，我放学回来就领着花子出去玩。这成了一个新鲜事，很多邻居把剩菜剩饭拿来喂它，很快花子就长得又肥又大。我知道花子的命运，就和父亲谈判，希望父亲改变主意，但是没有成功。

花子被杀死以后，人们把它吊在院子里剥皮，左邻右舍都来围观，我躲在人群后面，看着兴奋的父亲，开始仇恨他。

_ 王小帅　_ 薄薄的故乡　_ 24

晚上吃它的时候，我们家屋里院外挤满了人，男的在屋里吃肉喝酒，很快就有人喝醉，喝醉的被人抬出来，然后等在外面的人再挤进去。女人在外面围观，有的一碗一碗盛出来往家里端。父亲让我也吃，我拒绝了。

我从来不吃狗肉可能就是源于这个记忆所受到的刺激

第二天，没有了花子的我失落极了，我想找到花子的头把它埋掉，可是父亲已经不记得它被扔在哪里了。我开始在周围寻找。我们家窗户前面是一条小道，小道下面有个坡，坡下面就是小河了。在小道和河的坡面上有一段被人们用来扔垃圾，垃圾被人从上面顺手扔下去，久而久之这就成了垃圾场。那天下午我站在垃圾场上往下看，一个东西瞬间让我毛骨悚然，那是花子的头，它脸朝着坡上，眼睛睁着，看着我。这个瞬间之后的记忆完全消失了，我忘了这之后干了什么，可以肯定的是，我没有敢去埋了花子的头。

和发生了什么，脑海中完全是一片空白

这之后很长一段时间，我和父亲展开了冷战。父亲看我真的生气了，才答应以后再也不那么做了。

后来生活区养狗的人家多了起来，我又养了一条大黑狗，叫“黑子”，黑子凶悍极了，打遍生活区其他的狗而无敌手。很多年以后父亲说起黑子就会很后悔，说我们当时太不懂事，因为黑子的存在让很多邻居生活得很不安稳。黑子是被厂里组织的

经过我们家的人都远远地绕道而行。

_镜中无光 _ 25

打狗队打死的，那天夜里我听到像是孩子的哭叫声凄厉地回荡在楼群间，我知道他们开始打黑子了，我躺在被窝里，开始仇恨他们。

第三条狗我们叫它“孔老二”，不知道是谁给它起的这个当时很时髦的名字。它刚刚出生，很小，小到只用两个手掌就能捧起它，它在我手掌里蜷缩着，眼睛还没有张开，我和妹妹都非常喜欢它。可是就在它来我们家第一天的夜里，我被外面的声音弄醒，我来到厨房，看见父亲和妹妹都在，他们围着孔老二。父亲把它放在封好火的炉灶上面，试图让它取点暖，但就是这样，孔老二还是瑟瑟发抖。我们在它边上守了很长时间，眼看着它渐渐不行了，我们无能为力。妹妹哭了。

当时正在开展“批林批孔”运动 批林彪怎么和孔子联系到一起 也是令人费解、

第二天父亲带着我们把孔老二埋在了山上。

我们家从此再也没有养过狗。

看露天电影应该是那个年代很多人的共同经验，我们工厂也不例外，而且工厂给职工提供的这一娱乐活动坚持了很多年。记忆中每个星期天都会放映一场电影，风雨无阻。放映电影的地方是在我们生活区和厂区之间的一块空地，一边是山，一边就是穿过我们楼前的小河。空地的一头竖了两根木头杆子，杆

_ 王小帅　_ 薄薄的故乡　_ 26

现在想起来，在占位置这个事情上孩子们表现出来的文明举动应该都是因为电影吧。期待一场电影的兴奋心情成为了一种共通的密码，传递在每个人之间，由此达成了某种默契

子顶部再横一根更细的杆子。天还没黑的时候就会有师傅来挂银幕，师傅从下面往两边的杆子顶部甩上绳子，用绳子把银幕拉起来，底部再用两根绳子把银幕固定住。有时候风一吹，银幕就像船帆一样鼓起来，随风起舞。每次远远地看见山坳里的空地上飞舞着的白色银幕都是我们最幸福的时刻。地方是早就占好的。占地方的任务都是各家的孩子包揽了。星期天的早上，各家各户的孩子起来之后第一个事情就是往空场跑，最心急的甚至这时候就带上几个凳子。但是比较流行的占地方的方法是用石头码出自己的地盘。我们从边上捡来石头，一块一块地码出一个方块，然后在方块里的土地上写下自己的名字。虽然偶尔会为争地盘而争吵，但大部分时候还是非常文明的，大家都对每家有几口人了如指掌，所以码地盘的时候都非常守规矩，该多大就多大。有的一家明明四口人，如果多码出了一个人的位置就会受到质疑。如果遇到已经看过不止一遍的电影，位置可能不需要占了，但放映的时候人是必须要去凑热闹的。没有占位置的孩子就围着人群转着玩，有时爬到树上，有时钻到银幕背面，寻找新的观影刺激。每周一场的电影不光是我们的节日，也是厂外寨子里农人的节日。但是他们也很自觉，绝对不会参与我们的占位置活动，因为能正对着银幕看电影似乎无

_镜中无光 _27

形中成为我们的特权了。他们会在天快黑的时候过来，爬到边上的山坡上，有的直接从山的那一边爬过来，也不用板凳，直接坐在地上就看了。从下面看上去，满山的人，也是蔚为壮观。下雨的时候，满场的雨伞。人们透过密密扎扎的雨伞之间的缝隙看过去，这排的人要求前一排的人把伞举高一点，而后面的人又要求伞低一点，自己也被要求一会儿高点一会儿低点，招呼声此起彼伏，热热闹闹。有的时候风比较大，吹的银幕扭来扭去，忽凸忽凹，使银幕上的人物也跟着扭来扭去，忽隐忽现，大家就拼命地笑。

1979年那年，厂里决定在空场边的河上修建一座大礼堂，既能放电影又能举办文艺演出和开大会。大礼堂就横跨在河上面，它建起来的时候完全是一个庞然大物。奇怪的是我竟有些伤感，因为一旦它建好了就再也看不到露天电影了。我没有能够等到它完全竣工，因为很快我们就离开了。后来听很多同学说，我们走了以后，他们只在礼堂里看过几次电影。

“不如看露天的有劲。”

再后来，不知道什么时候开始，每周日也不再放电影了。同学聚会上有人说：“很奇怪，你走了以后很多事情都不一样了。”

_ 王小帅 _ 薄薄的故乡 _ 28

在贵阳

那个年代照个相真是个不小的大事儿，而且总是为数不多，正是因为为数不多，反而更加珍贵。这真是个神奇的事情，因为无论生活在哪里，条件多么艰苦，人们都总愿意去照一两张照片。

而且也
总会有某个叔伯叔叔有一台照相机，而且很热情地给你们拍下来，洗出来，然后送给你们，成为永久的纪念。

_ 29

29

_王小帅 _薄薄的故乡 _30

其实不是因为我走了或是谁走了，而是时间走了，童年结束了。

生活在新添寨的上海人在那个时候还不是完全封闭的，过年过节还有不少人举家回上海探亲，然后会带回上海的东西，吃的用的穿的，这会让我十分羡慕，因为我们说是从上海来的，实际上我们在上海没有亲人，所以我们无处可去。

但是我很早就做过一次遥远的长途旅行，成为我们这些山沟沟里的孩子中第一个见过大世面的。那是在我妹妹出生前，应该是五岁那年。我被托付给厂里一个东北叔叔，那个东北叔叔要去北京出差，正好把我带到北京我外婆那里。在那里，我要等怀着我妹妹的母亲来到北京把妹妹生出来。那个东北叔叔个子很高，穿着一件子大衣，头戴一个鸭舌帽。我被塞给他的时候很害怕，因为那样打扮的人在电影里很明显是敌特分子。我记不清在我五岁那年怎么会有这种印象，因为我不确定那时以前有没有看过类似的反特电影。如果没看过，足以说明那时拍电影的人是多么了不起，对敌特分子的装束形成的坏人印象是多么具有心理依据。在我做这次长途旅行之前，为了让多年未见过我的外婆在接站的时候可以不错过这两个陌生人，必须为

_镜中无光 _ 31

那一年是1971年，应该是毛泽东和林彪的关系紧张到没过多久林彪的飞机就摔下来了的那一年。这封电报是会让有关部门产生联想

我做个标记。于是我的右手臂上被绑上了一块白色的毛巾，作为接头时候的辨识物。同时母亲给外婆发了一封电报，大概说：“帅于几号到京，接头暗号，右臂的白毛巾”。就是这封电报惹出了麻烦。后来我们知道，我们上火车只两站，还没出贵州，我们的车厢里就已经埋伏了大量便衣，他们大部分没有戴鸭舌帽，所以我一路没有感到紧张。出了贵州，就由下一个省的便衣接管车厢，他们不远不近地注意着我右臂上的白毛巾，实际上我知道，他们一定认为这个小孩子只是个掩护，边上那个戴鸭舌帽的高大东北人才是重要的目标。但他们一定还弄不清这个帅是哪个反动组织派上北京的。他们都是大人，一定看过很多反特电影。

到了北京，我们没有被允许寻找来接我们的人。而是直接被一群人围着走进了车站的办公室。我记得有更陌生的人抱走了我，那个房间极为高大空旷，我在发烧，因为胆子小，车上的三天我竟没有拉屎。不知过了多久，才有几个人进来，其中有人说是我的舅舅，虽然我没有见过我的任何亲戚，但从大人嘴里说出我是你舅舅的时候，我会知道这个人应该和我有关系，因为从语言上的我是你的什么什么，就已经直接传递出这种人物之间关系的信息了。发明语言的人也很神奇。经过长时

_王小帅 _薄薄的故乡 _32

间调查和盘问，我们终于获准离开，但规定是到家以后，没有上级批准不准擅自离开。后来听说大约有一个星期，北京亲戚的家门口都布满了便衣。在北京我住进了钢铁学院我姨家，也就是我妈妈的姐姐家里，见到了明知存在但毫无印象的外婆。外婆在我刚出生时帮助父母把我送到了贵阳，但在我记忆开启之前就离开了贵阳，再也没有回去过。在北京的日子里，我知道了我还有一个表姐、一个表妹，因为后来流落在北京的原因，这边的表姐和表妹成为我最近的亲戚。印象中那时的北京很安静，阳光刺眼却不灼人，从住的地方看不见山，看不见水，楼房很大，蹲在地上只能玩耍蚂蚁和碎石。我不想留在那里，我想我的地盘，我想门前的河，门后的山，我想马车，想我的小伙伴。妹妹四月份降生，我们随即回贵阳。神奇的是，我们三口竟然是坐飞机回去的。 母亲说我一路捧着呕吐袋，眼泪一直在眼眶里打圈。但这次的飞行轰动了全厂，厂里专门派了一辆公共汽车去接我们。我想这也应该归于厂里领导的潜意识，因为能坐、敢坐飞机的，只能是比他们更大的领导。

开始第一笔绘画应该是父亲的一个圈套。那时父亲在省京剧团、宇宙中心上班，偶尔回家。完整地开始和父亲相处是因

_镜中无光 _ 33

* 我喜欢闻牛粪的味道 应该和这次的经历有关

为妹妹出生后，母亲更加忙不过来，父亲那年正好要随团里下到农村，整团都走，父亲只能把我带上山减少母亲的负担，那年我五岁。全团只有父亲带着孩子，我们就被优待地分在一个独立的阁楼里，阁楼坐落在一个大操场的一角，孤零零地与团部的主楼遥遥相望，这个阁楼楼下就是一个牛圈。阁楼的结构现在想起来就像是湖南的吊脚楼，底下是牛圈，四周用木桩支起一个阁楼，阁楼上就是我们的房间，四面都是窗，开门出来有一圈走廊，全部的木制建筑。别说住在楼上，就是靠近阁楼，就能闻到一股干草、泥土和牛粪混杂的味道。团里的任务除了下地种庄稼以外，还要上山砍树，并且要在冬天正式来临的时候将大量砍好的树烧成炭，为什么这么做，而且为什么这项工作要由一帮城里唱京剧的人来做，直到现在也想不出答案。

冬天很快就来了，那时贵阳的冬天寒冷异常，竟然漫天飘雪，农人家的草房檐上都挂满了晶莹的冰柱。而这时候炭还没有烧好。我和农村的同龄孩子们玩耍，冷得受不了就跑到人家的家里，农村人家的屋子中间都有一个大火盆，里面烧好了炭，冻坏的孩子们可以围着炭火盆烤火。父亲反对我总是去别人家，说这样没出息，我说我冷，父亲就开始想办法，让我抽烟，这样有可能转移一下注意力。这很快就行不通了。但是我

_王小帅 _薄薄的故乡 _34

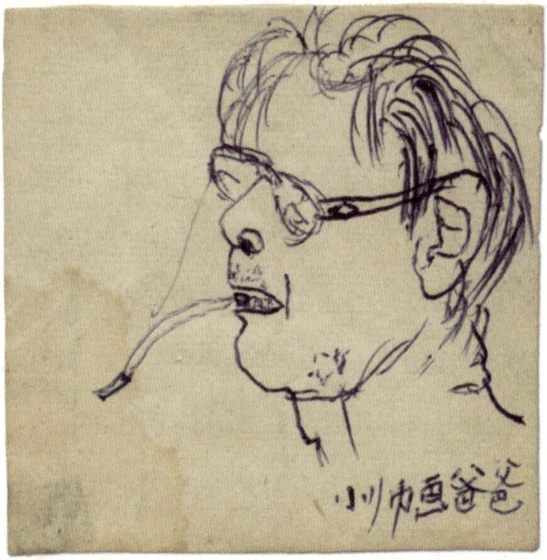

除了在乡下画的煤油灯，这应该是绝对对的第一张画，可惜没有标注日期，应该就是从乡下回来以后，六七岁的时候。父亲宣布我会画画了，并且让我露一手。画是画在一张不大于四枚邮票的纸片上，神奇的是它竟一直被父母保存了下来（上图就是原画的大小）

35

记忆中应该是我画了父亲以后，作为交换，父亲也即时画了我一张。但是为什么看上去显得比实际年龄大呢？

35

_王小帅 _薄薄的故乡 _36

翻出这两张画让我很震惊，隐约是画于1978年，因为这两幅，可以说明那时下意识地已经在画了，就像拖拉机、茅草房，扛米袋的人、推着自行车画得如此幼稚，却如此感动人。感谢那时的

37

事物和头像，不知道还有速写这种画法。看到
场里面的细节很是惊人，车顶上有行李的公交车，
员，解放牌卡車等等。过去的生活气息扑面而来。
，还有那个天真的少年

_ 王小帅 _ 薄薄的故乡 _ 38

却至今记得那口烟，从我眼前飘开去，有一缕很明显地被窗户的窗缝吸过去，窗外冬天的天很亮，衬着这一缕青烟，刺进记忆里。下一个办法是打沙袋，父亲用床单从外面包来一些沙子，缝好，成为一个小沙袋。沙袋一头用绳子系上，另一头吊在屋顶的横梁上，一拳上去，沙袋就荡出去，等它再荡回来的时候再跟上一拳，争取做到左右开弓。这个游戏很快传到了其他小朋友那里。于是没有火盆的我们家也吸引了他们。我们排队打。其中有一个小孩，可能在运动协调性上不如别人，当沙袋第一次荡回来的时候，他出拳，但是打空了，沙袋撞到了他的脸上，他有鼻涕，鼻涕和沙袋混到了一起，我们就一起笑话他。父亲其实是一个窘于与人交往的人，每天这样热闹的打拳，很快让他失去耐心，于是打拳这个游戏也很快就结束了，孩子们被拒之门外，又只剩我们俩，他就试探性地问你来画画好不好？我认为有一个游戏，每个人在幼小的童年时代都会喜欢，而且不分男女，这就是画画，或者更准确的说法叫涂鸦。我也不例外，立即就答应了，但那不是我想象的画画或涂鸦，而是正式的画画，所以我一直以来都有一种被设了圈套的感觉。父亲正式地找来了白纸和铅笔，并且在小凳子上放上了一个煤油灯。这种灯，煤油装在灯座里，灯芯可以是一段绳子，一头从灯座

_ 镜中无光 _ 39

※ 火苗调试的大小决定了油灯的亮度，在经常停电的晚上，这种煤油灯便是我们唯一的照明工具。

里伸出来，其余的浸泡在灯座的煤油里，用火柴点着露在外面浸泡了煤油的灯芯，点着的灯芯可以用一个灯座外的旋钮转着控制火的大小，调好了火苗的大小后，用玻璃罩罩上，玻璃罩上面敞着口，外面由铁制成的骨架固定住玻璃罩，最上面是铁丝把手，可以拎着走夜路。我面对的就是这么一个复杂的煤油灯，而且我居然真的对着它画了。这花了不少时间，可能也确实转移了一些对寒冷的关注。父亲可能觉得我有这份才能，或者是他必须要在我身上找到一份不同于别人的才能，画画这个事情就一直延续了下来。一直到多年以后，面临要不要考中央美院、把画画这个事当成正式职业的时候，我放弃了它。因为我断定，这份才能是父亲为了他的理想加注在我身上的，实际的我是没有这份才能的。实际上可能我在表演、模仿这方面倒是有点才能的,证据是有一年我可以把父亲在京剧团排演的《沙家浜》整出戏的唱段唱出来。 从农村回来以后，有一个场景到现在想起来都是很有奇异的画面感。父亲发现我会唱那么多段戏，他就在我们家楼的门洞前拉出一根灯绳，用竹竿固定住挂着灯泡的一端，然后在空地上摆上一些小凳子，在黄昏来临的时候，拉着灯，等着吃完饭以后邻居们陆续落座，我的演出就开始了。我会站在灯下，一段一段地唱《沙家浜》里面的唱

这样的煤油灯在南方很普遍，特别是农村

※ 真实复杂的情况可能不是整出戏，而也不光是"沙家浜"，还有"林海雪原"。大人们这方面都有了专门的乐队

_ 王小帅 _ 薄薄的故乡 _ 40

段，父亲尽可能地用京胡给我伴奏。有时也会唱几首《智取威虎山》中的几段著名唱段。现在想来，这简直就是一个不可思议的离奇场景，一个少年，在那些六十年代中期草草盖起来的砖楼前，面对着那些千里之外迁徙来的上海、北京、东北的叔叔阿姨，扯着嗓子，尖利地挑着高腔，“朔风吹，林涛吼，峡谷震荡，望飞雪，满天舞，巍巍丛山披银装，好一派北国风光”。

整个生活区，在我看来异于常人的有两个人，一个是母亲科研室的同事程组桢的儿子，他的名字我至今都不知道，甚至不知道他是不是我们的同学。其实他就在那里，二号楼第二个门栋的二楼，年龄与我相仿。他从来不参与我们孩子的游戏，脸色惨白，戴着一副黑边眼镜，镜片厚到你看不到他的眼睛。我们因为母亲的缘故在他们家见过，我对他的印象就是那副无论你怎么变化角度都反着白光的镜片。说他异于常人其实就是我知道他会拉小提琴，并且已经在准备报考中央音乐学院附小。惨白，沉默，看不见眼睛的眼镜，独来独往，小提琴，中央音乐学院，这一系列词语在我心中构成了对他~~异于常人~~的神秘印象。他父亲神秘地对我说你们两个要互相学习，你画画，他拉琴，将来都会有出息。但是我从来没有听过他拉琴。母亲说，怕

_ 镜中无光 _ 41

邻居知道，他在家里练琴的时候，会在小提琴琴把连接琴箱的部位绑一圈纱布，这样，拉起来就不会发出太大的声音了，只有他自己能够听到。母亲说，他白天拉，晚上也拉，目的就是要考到北京去。后来我知道他们家和我们不一样，不是来自上海，他们的老家是北京。还有一个他的画面我一直忘不了，他父亲给他在贵阳市找了一个音乐老师。为了去贵阳，还专门托关系给他买来了一辆小型的自行车，红色的。这辆自行车几乎羡红了我们工厂所有小孩的眼睛，它既不是那种有着一根大横梁的二八车，也不是小一号的二六车，比没有横梁的二六女车还小一号，但又不是孩子的玩具车，完全就是一辆迷你版的正式的自行车。

当大部分孩子还只能双脚剪刀式地一上一下费力地蹬着比自己还高的二八大车时，程组桢的儿子就骑着他的“迷你版的正式自行车”从二号楼的土坡上飞驰下来，经过一号楼，拐上生活桥的时候还来一个小小的侧切。有时候可以看到他们父子俩人，一大一小两辆自行车，两个背影，一同消失在通往贵阳的路口。听母亲说，他喜欢到贵阳去练琴，在那里，他可以解下琴上的那块纱布，任琴声肆意。

几年以后，我进入了中央美院附中，有一次跟母亲打听他

_ 王小帅 _ 薄薄的故乡 _ 42

的情况，母亲说我们走了以后他连续考了几年都没有被录取，已经放弃了。再后来听说他们全家搬回了上海，不久以后他去了新加坡，具体的工作是开出租车。

另一个我认为异于常人的叫满意，比我大几岁。我不知道他的父母是谁，因为比我大几岁，所以在学校里也没有印象。他是突然蹦出来的。1978 年我和母亲妹妹去武汉探望已经在那里演戏的父亲，回厂里的时候我已经俨然是个见过世面的人物，等于说我在我们这个小圈子里更加出名了。有一天他突然出现在我面前，说你在学画画？我满意。我心里想我不认识你，凭什么我画画你满意。他说他也要学画画，他要跟我一起画，他的名字叫满意。这个事情过去没多久，他又突然出现，让我跟他走。在学校边上一个废弃的房子里，有一个破烂的空房间，大部分的窗户都没有玻璃，墙壁因为漏雨都翻起了墙皮，长满了苔藓，屋子中间有一个画架，边上的书桌上放着一个复制得走形了的白色石膏像，我依稀记得是伏尔泰像，我说它走了形可能也不准确，很可能是我看到满意照着石膏像画得像涂鸦似的素描形成了石膏像本身也走形了的印象。他说这是他的画室。他的父亲反对他画画，只要看见他涂鸦就打，他只能躲起来，建立自己的画室。你有画室吗？他问。我不知如何回答，因为眼

_ 镜中无光 _ 43

前的一切已经超乎了我的想象。他说“你画得比我好”，这句话他在后来考上中央戏剧学院舞美系之后还一直说，只要我去看他，他就会重复这句话，没有考上中央美院一直是他的心病。还有一句话是“你画过裸体吗？”，当时在他的那个破烂的画室里，他强调得最多的一个志愿就是将来一定要画上女人的裸体。后来也是在中戏的宿舍里，他神秘地跟我说他们画上裸体了，当得知我们美院附中画人体模特要穿泳衣之后，他表示惊讶和不理解，“真的？”那时我明明看见他眼睛里闪过一丝得意之色。

“抽烟。”他拿出烟递我一支，眼睛盯住我，不知道为什么，从那个遥远的模糊的下午开始，我始终觉得他总是在拿某种东西跟我比，他的话，他的眼神，只要我有一点示弱，他的脸上就会出现那个说不清是得意还是鄙视的表情。“你没抽过烟？”他定定地看着我。我摇头，他的嘴角向上抽了一下，这是我后来很熟悉的表情。印象中我又去过他的画室两次，一起画那个石膏像，每次他走过来看我，都说，你画得比我好。

他自杀那年我刚刚考上电影学院，而他也即将从中戏毕业。他从中戏宿舍楼跳下来。有两个版本，一个是说他们同学在宿舍喝酒，他喝多了，嘴里说的都是女人、裸体、凡·高，然后大家离开的时候，他关上门，跳了下来。另外一个版本是他们

_ 王小帅 _ 薄薄的故乡 _ 44

喝酒，他喝多了，嘴里说着女人、裸体、凡·高，然后直接跳了下去。我无意去了解哪个版本更接近当时的真相，我只记得当时面临毕业的时候我去看他，他的桌上摆了一个为毕业做的舞台设计，用白卡纸糊的一个三维舞台模型，脏兮兮的，像他平时的风格，我知道后来他痴迷地崇拜凡·高，他抽着烟，说就这样毕业了？最后就弄了这么一个破东西？你考上电影学院了？我记忆中他那天一直没有看我，始终垂着头。

☆我考上电影学院，而且又是导演系，似乎对他又是一个打击，他似乎一下子失去了可以对比的对象.

我不知道他的自杀有没有在贵阳的厂里引起震动，毕竟这已经是很多年以后的事情了，但是我能确定的是他当年考上中戏，确确实实在厂里引起了轰动，因为他跟我不一样，当年他考上的时候，他们全家一直还生活在厂里，而且，自始至终，他都没有一个老师。

又过了很多年之后，当我为了拍摄“青红”第一次回去的时候，我问起过这两个人的事，大部分人都回忆不起来了，有的表示好像听说过满意的事，但关于程组桢儿子的事，没有人有印象，甚至我强调的那辆迷你正式自行车，响应者也是为零。这让我迷惑了，难道这是我的幻觉吗？难道我看到的真真实实的东西，在他们眼里是根本就不存在的吗？直到有一年我和父亲聊起那时的点滴，我突然发现，从父亲嘴里说出的故事，虽

_镜中无光 _45

然都和我有关，我却一点印象都没有了，而我讲述的东西，在父亲哪儿也是一头雾水。我突然意识到，世界对于我们每个人来说就像一个门，每一个人都有他自己进入它的方法，而开启这个门的钥匙其实就是你自己。

还有一个人也应该记下来。

他叫许东锋，和我是同班同学。和我正好相反，他是一个数学天才。我们厂有一部分随迁过来的人，到现在我也没有弄清楚他们的真正性质。小的时候我们只是觉得他们和我们不一样，他们没有住在我们的生活区，而是住在更远的农场，他们的生活条件比我们更加艰苦，衣服、书包都非常破旧。虽然我们之间没有歧视，但一起玩耍的时间并不多。每天早上一辆解放牌卡车把他们拉到学校，放学后再把他们拉回去。他们和厂里那些上海人家的孩子，从口音、穿着都有巨大的落差，应该说在那时候看来，他们完全就是农村的孩子。许东锋就是他们中的一员。他的眼睛奇大无比，眼白占据了大部分空间，黑眼珠似乎随时都会掉下来，头发乱糟糟的像鸡窝里的草盖在头上，他一直吸溜着鼻涕，不管春夏秋冬。因为小学时期算术的相对简单，我们人人似乎都能应付，许东锋也只是做得更好更稳定而已。到初中的时候他在数学上的优势就开始显现出来了。

还有一个印象是他面对面跟你说话，但有时候你不能确定他是不是在看着你

_ 王小帅 _ 薄薄的故乡 _ 46

上课的时候，他盯着黑板，可以回答老师提出的所有问题，并且为同一个方程式找出不同的解答方案。他甚至开始用高中的数学来解答初一的问题。有时他在黑板上默默地推演一个方程式，没人知道这是怎么回事，所有的符号总能引出最后那个标准答案。老师拿他教育我们认真听讲的好处，我们一致认为不对，老师根本没有讲这些。

那时流行数学家陈景润的故事，我们认为他就是少年陈景润，如果陈景润没有解开哥德巴赫猜想，许东锋一定能。

后来我考上中央美院附中那年，听说他成为贵州省的理科状元，被当时很时髦的少年科技大学录取了。那是轰动全贵州省的大事，是我们工厂子弟学校的绝对骄傲。多年以后我再打听他，听说他在杭州的国家海洋研究院当研究员，属于国家级人才。

每一次我听到厂里的老人说起我们厂出了个导演，之后都会再跟一句还有一个许东锋，贵州省理科状元。

时间恒定持续地从山的那头走来，抚摸过这一片山谷、小河和人们的脸，然后又从山的那头走过去了。

无论是 1976 年一次次看着厂里黑压压的人群聚在各种空场

_镜中无光 _47

其实在这样的山沟沟里，大部分的时间是平和而安详的，少了一些外面的大风大浪、大起大落，大家都来自于同一个地方，命运都是一样的，所以在很长一段时间里，在社会发生巨变之前，人们似乎默契地约定，谁都不许提离开的事情。但是到了1976年之后，事情慢慢地起了变化

上收听回荡在山谷里的压抑的哀乐，还是踩着路上用墨汁写就的巨大的江青、张春桥、姚文元、王洪文字样，抑或到了七十年代后期，穿着喇叭裤、戴着蛤蟆镜的青年手拎着单卡录音机游荡在家属区的楼中间，任由邓丽君的《香港之夜》闯入每一前期 角落，还是对越自卫反击战时期时常拉响的空袭警报，都阻挡不住时间的脚步，我的少年时光就这样飘走了。

有些家庭随着社会的变迁，陆陆续续地离开了，而有些家庭已经无力再走，他们成为经过这里的时间的守望者和见证者，一代又一代。

父亲说，如果当天他错过那个千里之外的电话，我们也许就和很多家庭一样，继续地生活在那里了。那天厂里的高音喇叭在对面的山上对着家属区喊话，让父亲速来厂里接听一个长途电话。父亲说当时他听到后的第一个反应是完了，他母亲死了。就在对方要挂断电话的时候，父亲气喘吁吁地赶到了。电话是武汉军区胜利文工团的领导打来的，问他是不是叫王家驹，有人推荐他来武汉演戏，问父亲感不感兴趣。

命运的绳头在遥远的武汉动了一动，在这之前，我连武汉这个名字都没听说过。

父亲说过，在中国，个人是决定不了自己的命运的。少年

_ 王小帅 _ 薄薄的故乡 _ 48

在贵阳的时候

48

我们很流行喇叭

49

穿着母亲用仿布料给我做过一个，现在想这应该是不会超过1979年的事儿，因为那时候还在贵阳。

《青红》表现的是八十年代初，那时候我已经在北京，还是有人穿。

但是，因为我的身材比例不好，腿太短，屁股太大，所以穿上并不好看。

_ 王小帅 _ 薄薄的故乡 _ 50

时听父亲这么说会莫名其妙地燃起仇恨，是谁那么坏，谁不让父亲决定自己的命运。直到他快要离开这个世界的时候，再一次提起这个关于命运的话题，我已经是一个四十多岁的成年人了，我只能说命运可能和个人的决定无关，命运就是命运，但要看它身在什么时候，什么环境。对于我们大部分人来说，命运就像是一条不知流向何方的河流，我们就是河床上的水，顺流而下，无法控制。虽然河流的命运可能无关乎它自己，而是它流过的地方，但是那些地方因为河流的滋养，又有多少生命因它而诞生、成长。比如三十多年前那个来自武汉的电话，改变的不仅是河流原本的走向，它拐了一个弯，让这个弯里的这一片土地得到了滋养，那片土地里就有我、妹妹、母亲，有我们这个家。虽然在弥留之际的父亲口中，这就是命运，没有办法，但我知道，在他的内心深处，他是多么渴望能够掌握自己的命运啊。

父亲谈到最多的是尊严。在那样一个特殊的年代，面对一个不谙世事的少年，他的儿子，父亲始终表达着对个人、对生命的尊重，以及人的尊严的不可侵犯。记得那时候下班回来，大人有时候会聚在某个同事的家里喝酒、唱歌。唱歌是必须轮流来的，大家围坐在一起，一个手风琴伴奏，然后一个一个挨

_ 镜中无光 _ 51

个唱，不唱是不行的，这是大家最快乐的时候，扫兴是不可以的。于是，大部分那个时代革命歌曲都一一唱过来了，轮到我父母，他们开始永远都是扭扭捏捏，扮演着扫兴的角色，总是要在大家的起哄下父亲才重复那些话，比如你们先进啊，都是革命歌曲啊，我一个都不会啊，这一套每次都一样，然后大家就妥协说那就唱那首吧，于是就唱那首“草原上升起不落的太阳”，“蓝蓝的天上白云飘，白云下面马儿跑，挥动鞭儿响四方，百鸟齐飞翔。如果有人来问我，这是什么地方，我就骄傲地告诉他，这是我的故乡”，而且每次都唱到这儿就停住了，后面的词坚决不唱，就算大家再起哄，提词，父亲也不唱。每每如此，成了笑谈。

父亲的这种名目张胆的反动，现在想起来实在是奇异而大胆的，而且并不是偶然为之或者一时冲动，反而是有理性地一以贯之的。

从 1966 年到贵阳，到 1979 年离开，十三年。人们总是奇怪我为什么对于这段时光如此看重，而更多的人其实对于自己的少年时光早就淡忘了。我的理解是，对于很多三线子弟来说，那个时间和地域太封闭了，他们的身份也太特殊了，那么多年，他们就像一群抱团取暖的人，因着同样的命运生活在一起，构成了与外界不同的生命记忆。特别是对于后来离开的人来说，那一段生活就像一坛老酒，在一个特定的时间空间里突

_ 王小帅 _ 薄薄的故乡 _ 52

然被封存了，以至于后来的风风雨雨都与这段记忆无关，它是属于三线人自己的秘密。

快要离开贵阳的时候，在已经搬空了的家里，我发现一面小小的圆镜子。我不记得我们家还有镜子，因为在别的小朋友家里，几乎都有大大的五斗橱、大立柜，大立柜中间会有一面大大的镜子，干干净净的。他们会站在前面照照自己，女孩子过年如果拥有了一个新的蝴蝶结，一定会在镜子里好好照一照，看一看突然降临的美丽。而我的父母不喜欢照镜子。母亲说那个小小的圆镜子其实一直挂在墙角的墙上，我才想起来是有这么一个小东西。 因为长期没人想到去照一照自己，镜子上面蒙上了一层灰，加上挂在吃不着光的墙角，即使你凑上去想照照自己也是非常困难的，它小到连你的脸都照不全，而且周边的黑暗使得它也是一团昏黑，我因一度讨厌过它以至于忘了它的存在。现在想来，我是冤枉了这面小镜子，它本身一定愿意帮助我们看见自己的，然而它坐落的地方由于昏暗且无光可反，所以始终显得镜中无光。

这个东西还引起过我对这个家的反感，心里想，看看别人的家都有那么漂亮的大镜子，而我们家只有这么一个丑陋的小东西

_镜中无光 _53

_王小帅 _薄薄的故乡 _54

七十年代末和八十年代初，我经常站在公家又一次分的房子的大阳台上，看着这个景象。它是真真实实的，却又像极了一个幻影。这就是武汉吗？一个大到直到我离开都没有认清楚的城市。

你来到这里，你知道你是一个外乡客，所以你努力地讨好它，让它知道你的到来，让它接受你，可是，有时候它就像眼前的这个景色，它在那里，无所谓你的讨好，自顾自地彰显着它大城市的庄严和淡定

55

湖边青年

2

_ 王小帅　　_ 薄薄的故乡　　_ 56

§

※为了纪录片《江城人家》的拍摄，我最近回去过一次。这个房子还在，但已经被重新粉刷过了，以前各家私自搭建的厨房都拆除了，阳台也拆除了，整个建筑成了一个卫生所，隶属广州军区的一个野战部队

阳台前二十米左右，是几棵郁郁葱葱的大树，密密的树丛间，有一个不小的空当，枝叶稀疏了许多，透过它正好可以看到夕阳下闪着波光的东湖。常常在下午的四点多钟，你会看到有几只赛艇划过水面，整齐的桨一排排齐刷刷地起落，桨的一头齐齐地插入湖水，上面的人把桨往怀里再一拉，这只小艇就迅速划过这道树丛间的空当。因为距离遥远，这一切看起来都是无声无息的。

七十年代末期和八十年代初期，我经常站在父亲文工团分的房子的大阳台上，看着这个景象。它是真真实实的，却又像极了一个幻影。这就是武汉吗？一个大到我直到离开都没有认

_ 湖边青年 _ 57

识清楚的城市。你来到这里，你知道你是一个外乡客，所以你希望讨好它，让它知道你的到来，让它接受你。可是有时候它就像眼前这个景色，它在那里，无所谓你的讨好，自顾自地彰显它大城市的庄严和淡定。我知道，无论我怎样想要否定这个现实，已经无能为力了，贵阳已经不存在了，现在你要面对的是新的生活。

跟母亲和妹妹下火车站、站在接站大厅里，是 1979 年的春节之前，[redacted]。生活里永远稀里糊涂的父亲那次继续发挥，他竟然忘了他的妻子和儿女这一天要从千里之外的贵阳来到武汉。人都差不多走光了，我们还没见到父亲的身影。我开始痛恨这一切，痛恨父母把我从贵阳带走，这个事情违背了我的意志，我不愿意离开我生活了 13 年的地盘，我要求回去。

就像一台电脑，需要升级和格式化，把贵阳的一切格掉，然后开始用这块全新的硬盘，往里面一点一点地加入新的内容

_ 王小帅 _ 薄薄的故乡 _ 58

武汉的车站让我联想起了当年右臂戴着白毛巾到北京时的火车站，一样没有第一时间见到亲人，一切都一样冷漠而高大。整个一列车的人快走得差不多了，还没见到父亲的身影，正在我无比沮丧的时候，边上有两个扫地的妇女在那里说话，第一个印象是她们说话声音很大，两个人的距离只要正常开口，对方应该就能听见，而她们就像隔着一条马路在喊叫。我听了很长时间，突然意识到她们说的话我都能听懂。原本我以为地方和地方之间的语言差别会大到如同上海话和贵阳话，互相之间完全听不懂对方在说什么。我跟母亲说她们怎么在说贵阳话？母亲听了会儿，说是像，但是他们说的是武汉话，两种话里确实有许多接近的地方。母亲说我在四岁之前，就是在寨子里和少伯少妈生活的时候，说的就是一口贵阳话，上海话和普通话是后来回到家里才开始说的。通常在外面和孩子们玩，我们就用上海话交流，回到家里和父亲就用普通话，父亲虽说是上海戏剧学院毕业的，学的也是表演，后来又留校任教八年，算了一算应该在上海至少生活了十二年，但他只能听懂上海话，说却是不行的。因此，如果从最源头上说，我使用过的第一种方言应该是贵阳话，虽然很快就不说了，但语言的记忆已经在那里了。而湖北武汉话从基本的发音和声调上和贵阳话极其相似，所

我很快就忘了贵阳话而进入了武汉话语系，因为它们之间太相像了。

_ 湖边青年 _ 59

以我在听那两个扫地的妇女在那儿叫喊的时候，对她们所使用的语言完全没有陌生感。

这一发现让我的心莫名地安静下来，对于一个陌生的地方最初的恐惧和排斥有了一些缓和。回想一年前第一次来武汉看父亲，我之所以没有这次的焦虑感，可能是因为那次我知道那只是一次短暂的逗留，就像旅游，很快就会回去。后来母亲给团里打了电话，父亲才猛然想起我们。一辆 212 吉普被派来接我们，司机是一个穿着军装的年轻解放军。父亲依旧没有出现，听说他正忙于排戏。

第一次看到父亲穿军装有一种说不出来的怪异感觉

我即将开始新的生活的地方叫南望山。按照这个名字推理，人们生活的区域应该是坐北朝南，但也可能正好相反，人们站在北边往这边看到有一座山，所以叫它南望山。反正我是很失望的，父母都曾很兴奋地表露武汉可是一个大城市，原以为全家搬到了武汉，我们终于逃出了那个山沟沟了，而我也可以把自己算做大城市的人了。可是这个南望山，却是在远离市中心的郊区，三面被著名的东湖环绕。公共汽车一直开出市区边缘最后的几幢房子，然后继续往前开出七八站直到终点，你就会下到一个前不着村后不着店的小站。公路继续往前延伸，车站的后面就是农田，农田的尽头可以隐约看见闪着波光的东湖

_ 王小帅 _ 薄薄的故乡 _ 60

一角。然后沿着更小的一条小路向东湖走，穿过一个把东湖这一小角分成两块的湖堤，湖堤上是两排笔直的水杉树，堤上面可以开车，宽度刚好可以对开两辆小汽车。穿过湖堤就进入了南望山腹地，继续沿着山脚的砂石路行走，拐过山脚的第一道弯，远远地就可以看到掩映在树丛中的第一幢房子，是那种老式苏式的大房子，这样的房子统共有两三幢，这两三幢房子组成了武汉军区胜利文工团的歌舞团。走过歌舞团，继续沿着砂石路行走，便走上一段上坡路。这条路我后来骑着父亲那辆老式德国倒刹式的自行车出去画画写生行走过无数次，特别是到了这一段上坡路，下来推行是很痛苦的，因为坡虽然不陡，但是很长，所以我总是努力地骑上去。这段路右手边是山，左手边是农田，农田的外面就是东湖，原本应该是一条风景优美的乡间小路，但不知道什么原因，靠近湖的一边被砌了一堵红砖墙，比一个成年男人还要高出一头，一直延伸到山顶，能看见东湖的视线就这样被挡住了。也是因为这堵墙，在山和田野之间形成了一个半封闭的空间，那堵墙就像一道回音板，每次我喘着粗气往上骑行，我的喘气声和车轮碾压着地上碎石子的声音就像被什么东西挡住了，像回声一样地回荡在我和墙之间。碎石路上行一会就会看见第二批与之前类似的建筑，那是属

_ 湖边青年 _ 61

※平时要是从家里骑车出来，母亲总会叮嘱一句：下坡的时候小心点

于京剧团的。然后再继续，坡会突然陡起来，到最后一段的时候，没有人能继续骑行上去，必须推行，这段坡不长，大约就是百米左右，但却异常地陡。从陡坡开始的地方往坡顶看去，就能隐约看见一大丛一大丛树木的后面出现了一些房子，那就是我们的话剧团了。我在开篇说的那个阳台以及透过树丛看到的东湖，就在推着自行车往上看到的第一幢建筑上，我的新家。

整个建筑群被称为"工字楼"，据说从天空上看这几幢楼连成一个"工"字形，每幢楼都有两层，但每层的层高都比普通的居民楼要高。

我在文工团最鼎盛的时期来到这里，每天都用好奇的眼睛看着一个个意气风发的演员咿咿呀呀地吊着嗓子在排练厅、饭厅、宿舍间进进出出，满眼的绿军装让人羡慕不已。这一切和在贵阳的生活如此不同，虽然在贵阳时我也曾到宇宙的中心——父亲的京剧团看过，但一是因为太小，二是每次都是周末，这样热闹的景象还是没有印象的。

我们一家在南望山一直生活到整个文工团被解散，最后只剩为数不多的几家人家，包括我们家。去北京上学以后，每次放假回来，都看着它一次比一次凋零，最后我们也要搬走了。一个新的环境、新的家、新的朋友，你正逐渐熟悉它，喜欢它，接受它的时候，突然意识到你又要离开了，巨大的感伤再次包围了我，以致我直到现在还无法肯定，一个要走的人和一个只能留下来的人之间，究竟谁的伤感程度会大一点。

_王小帅 _薄薄的故乡 _62

62

虽然贵阳的冬天偶尔也会下雪，但下完的雪总是一瞬间就化到泥土里去了。这是到了大武汉时遇到的第一场大雪。那是真正的大雪。
下完的雪也不会马上化掉了，从南望山上往下铺满整个辽阔的平原，白皑皑的一片，反射着刺眼的阳光。比之在贵阳的山里，这里的视野陡然大了起来。
那一次是全家第一次照的合影，在贵阳的十三年里从未有过合影。
雪地里，阳光下，父母笑得异常灿烂，妹妹被阳光刺得睁不开眼，让人感受到一种全新的生活即将展开的喜悦。
而我的表情似乎一般，因为叛逆？还是因为害羞？

_王小帅 _薄薄的故乡 _64

记得有一次回来，昔日热闹的走廊里空空荡荡，一个演员叔叔蹲在自家窗边的土地上，用一根树枝在沙土上画来画去，抹平、再画，四周寂静，他始终低着头，一言不发。听别人说，他的老婆受不了了，在他出差回来之前，卷了铺盖，跑了。当时我也蹲在他边上，不知道是希望他的存在能带给我一点安慰，还是我能给他一点安慰。

没有搬走的几个邻居里还有王兵一家，幸好有他们，使得萧条落寞的日子之外保持了仅有的一点生活气息。

王兵比我大一岁，这就已经算是同龄人了。一来南望山我们就成了好朋友，他们家也不是武汉人，可是他从小就生活在文工团，除了上学在外面，其余时间都在这个小圈子里，如同我在贵阳时的情景。那时他竟然一句武汉话都不会说，张口就是不伦不类的武汉普通话。他喜欢打架，这在那个时期是一种普遍的时髦行为。他自以为是这方面的高手，每次都跟我仔细描述在外面参加群殴的细节，他说他不带刀，见人上来顺手抓起什么就是什么，他说这样万一不行了别人也不会把他弄死。严重的时候，有人就在南望山下面堵他，他上学必须出南望山，走过那条湖边的堤坝，他说这条路经常是九死一生。你打架怎么样？他问我。我说我在贵阳的学校里，单打无对手。父

_湖边青年 _65

亲教会我几招，其中一招是等对方上来，用左手在他眼前虚晃一下，在对方下意识躲闪的瞬间直接出右拳直击对方的脸，要快、狠，就一下便可解决问题。具体目标选两个，一个是对方的眼睛，一个是鼻子，我认为眼睛太过残酷，鼻子好点。后来的几次实战中这一招被我运用得最好，至少三个不服的被我一击暴鼻。并且我还练过打沙袋，很专业的那种。

王兵说好，但表示这样具体的打法在对方人多的时候就不适用，人多就是乱打，然后跑，跑很重要，你跑得怎么样？我们试了一下，六十米的距离我把他拉下足有十米，他比我高半个头。他有一种找到知音的感觉，因为在整个南望山话剧团里，同龄的男孩就只有我和他。有几次他让我陪他下山，穿过堤坝，他会说我感觉今天会有人堵我。我只硬着头皮答应过两次，只有一次碰到过人。

为了面子，那次我不得不硬着头皮和他下山，然后和他穿过堤坝才分手，其实我去学校的路是可以直接从山上走过去的。我们下到山底，开始走上堤坝，我们穿着父亲的军装，戴着军帽，王兵把军书包抡在背上，手在前面拉着书包带。我看过去，长长的堤坝上没有人影，两边的水杉被湖风吹着，祥和而宁静，虽然如此，我依然感到堤坝长无尽头，并且这宁静显得异常诡异。

_ 王小帅　_ 薄薄的故乡　_ 66

66

67

武汉军区胜利文工团在上世纪七十年代末曾经非常红火，连续排了几个进京汇演的大戏，白桦也为团里写过《吴王金戈越王剑》。这张照片是父亲参加演出的《东进东进》。父亲演国军将领韩德勤，因为这次演出，我们全家得以迁来武汉（右一坐者）

_王小帅 _薄薄的故乡 _68

不知从什么时候开始，对面出现了几个人影，大约四五个人影，我说有人了，他说可能不是，我们就装作没事一样就行。

他突然转身朝来路狂奔而去是我们和那几个人走到了相距大约二十来米的时候，“我操，这个逼。”留下一句“汉普”。我停住，一时不知该跑还是不动，我选择了不动，因为这个情况是我始料未及的，以前每次他都说自己会抡着书包杀出重围，后来他解释说其实以前在堤坝上从来没有遇到过他们，这里路太窄，抡不开，只能不吃眼前亏。我没有怪他，因为至少真的有人堵他，我一直怀疑一切都是他在吹牛，现在这个怀疑可以不成立了。向他追去的人经过停在那里的我没有停下来，我继续向前走已经毫无意义，站在这里也不是事儿，我转身返回。后来我们分析说我站住不动是对的，毕竟我是刚来的人，和他们毫无过节，也没有人见过我。

“一看你就是新来的。”王兵说。

中央美院附中快毕业的时候，我听说他被劳教了。

再有一年我放假回来，正是团里的萧条期，他说他参加工作了，在武昌洪山区的城管大队里干。城管和这个新兴的职业名字我就是从他口里第一次听到的。他把我领到他的管辖范围，指着街上的小摊贩说，你要什么，我们过去就拿。他走到

_湖边青年 _69

一个烟摊前，直接拿了两包烟。

“别给我惹麻烦啊。”

“没得问题。”小贩说。

王兵说我不可能像你了，搞艺术，我就这样了。

*快三十年后，在我写下这些文字的某一天，王兵突然联系到我，用微信发来文工团子弟聚会的照片。我问他还在城管干吗？他说是，都快退休了，什么时候你回来看看啊，他说。

“我们一个监室的哥们出来现在都在城管里干。”他说。

依稀记得他也跟我一起学过画画，后来还考进了湖北省艺术学校的美术专业，可是进了艺校的他怎么后来又成了进了劳教所的他，这两件事情我始终没有对上号，可是在城管里干得如鱼得水并且一干就是一辈子，应该和他从小喜欢打架分不开的吧。

刚刚来到文工团的那个冬天，我们还有一个朋友，叫青海，比我们大几岁，他不是文工团的，是王兵当地的一个朋友。我们一共只有两次接触，第一次是王兵把他叫到团里来给我做介绍，说他叫青海，但跟那个青海省无关，说这哥们疯了，报名当兵了，马上就要去打越南了。我知道要打越南，因为我自以为贵州还比武汉算前线，我们小孩都在山上挖过防空洞呢，厂里还天天拉防空警报呢。“但是你们贵阳有军区吗？我们这里有武汉军区。”王兵说。青海不怎么说话，王兵担心以后在外面打架没人手了。

●对那次只有一个月的战争，我在记忆上产生了偏差，因为我觉得那场仗打了很久，打到青海都战死了。

_王小帅 _薄薄的故乡 _70

[redacted]

记得那次之后青海就上了前线，而且感觉过了很长时间，突然有一天王兵说青海回来了。我们在我家里见面。我们迫不及待地听他描述打仗的事情，青海的讲述我至今记忆犹新。他们连队第一次上去就是伏击一个越军的车队，车队进入伏击圈以后，他们就开火了。青海说根本不像电影里那样，他们的火力向山下打去的时候，整个山谷里漫起硝烟尘土，他一枪未发，趴在那里看，可是除了烟尘他什么也看不见，他说在他边上的是一个机枪手，是他刚入队就结识的一个好朋友，这时机枪突然不响了，他一看，那个战友歪在一边，半个头都没了，他说他的火一下就起来了——他的描述是他跳了起来，整个人站在战壕上，端起战友的机枪就向山下扫射，尽管下面什么都看不见。他是被连长一脚踹下来的，连长后来跟他说，机枪里根本没子弹了，他只是抱着枪在狂叫。就这一下，他被连长看中了，这次他回来是让他来训练侦察兵，然后还得上去。

对于青海的这段记忆我始终理不清头绪，首先是他怎么突然参军，然后又马上上了前线？让一个未经训练的大头兵冲上前去，这不符合逻辑啊。其二是，就他这个表现，虽说算勇敢，但

_湖边青年 _71

※ 后来我们说起来，他的架势确实有一种经历过大阵仗以后的淡定，且多了一份威严。

至于马上让他回来训练新兵吗？小小一个连长有这权力吗？其三是时间，查资料确认正式开打到停火也就一个月的时间，我的记忆中为什么他有这么多起伏？或者他第二次带侦察兵去到牺牲是停火以后的事情了？但无论怎样，那天他是实实在在坐在我床头说的这些的。那天晚上狂风大作，不知为何父母和妹妹都不在家，停电了，我和王兵坐在床边地上，他坐在床上，身后窗外的微光把他衬托成了一个黑乎乎的剪影，气氛诡异恐怖，炸雷和暴雨就在那一刻突然而至，闪电聚集的白光穿透黑夜刺进昏暗的房间，我和王兵大呼小叫，青海却始终一动不动。

那天过后不久，就传来青海的死讯，王兵说他带了一队侦察兵在前线侦察，那时已经没有大规模战斗了，一颗不知从何而来的流弹击中了青海的头部。王兵用汉普说，个把麻倒霉，仗都快打完了，要是他不死，回来升个连长应该不成问题。

团里还热闹的时候，我们家每周末都会搞一次大吃大喝大聚会。团里有几个年轻人，刚刚从上海戏剧学院舞美系毕业的大学生，上海人。他们中赵葆康、李辉等，成了我日后学习绘画的真正的启蒙老师。父亲为了能请他们教我学画，每周末就会去集市买鸡买肉，然后招呼他们来家里聚会。大家又吃又喝，天南海北地聊天，戏剧，艺术，音乐，历史。吃喝结束，大

即使我感到再无聊，父亲都命令我坐在一边不许离开，他把这叫做：熏陶

_ 王小帅 _ 薄薄的故乡 _ 72

_ 73

73

这是由赵葆康保留下来的，在武汉文工团家中极少的几张照片之一。我和父母所拿的军旗说明了这一段时光的特点，站立者是赵葆康的爱人李辉，我说的"哲学家"，她不久后独自移民澳大利亚直至今天。已经无法推断拍摄的时间了，但是那一段快乐的时光可以从每一个灿烂的笑容中感受到。可惜好景不长，随着文工团的解散，一切都结束了。

_王小帅　_薄薄的故乡　_74

永远咋么呼呼的汤志袁其实是演员，但是每次看到这个气氛也按耐不住，号称自己也是学过绘画的，给自己也架上画架跟着瞎涂，后来父亲也让我一并叫他老师。

家就来到对面楼里的电视房，平时那是一个供大家看电视的空房间，有一个锁在木箱里的电视，一些散落的板凳，这时候就正好被我们用上，大家就会各自摆好画架，父亲也会给我摆一个，然后就开始画，静物、人物、色彩、素描，周末的时光大部分就是这样度过。有时候父亲不让我画，只在边上看他们画，父亲说，这也叫熏陶，他们画你看，你画，他们给你指导，这样的氛围，这样的机会，“在贵阳到哪儿找去？”

除了绘画，最吸引我的是赵葆康和李辉夫妇家的一台双卡录音机。很多的下午，我不自觉地就会走到楼对面他们家去。李辉喜欢哲学，康德、尼采、柏拉图，她会不厌其烦地把她在书上用红笔画了线的部分念给我听，赵葆康就笑她，说我都听得稀里糊涂，他怎么可能听得懂，她说没关系，这也是熏陶。她特别推崇柏拉图，她说她和赵葆康除了肉体上的夫妻以外，最重要的是他们精神上的爱。赵葆康喜欢听古典音乐，音乐从那台大大的双卡录音机里流淌出来，弥漫在他们的小屋里，你推门进去，他会对你笑笑，并不说话。听完一段，他会来一句：柴可夫斯基《1812序曲》，或者贝多芬的《悲怆》。他的烟一根接一根，冬日的下午，阳光从他身后的窗子外照进来，蓝色的烟雾缓缓地笼罩着他。不知道为什么，总是在听到德沃夏克的

_ 湖边青年 _ 75

★当时我不能理解，武汉这样的大城市，怎么还能算窝着？

《自新大陆》时，他会冲你灿烂地一笑，“哆伐？”用上海话来一句，然后就会说到出国，他说他们的理想就是能出国，他们不能就这样永远在这里窝着。李辉想去美国，而他想去法国，去卢浮宫，奥塞美术馆看油画原作，他说一个画画的，连那些大师的原作都没看到过真是笑话。

那是七十年代末八十年代初，在不久后的萧条期，他们双双调回上海。几年以后，在他们的女儿刚刚出生不久，李辉去了澳洲，赵葆康的法国梦没有实现，留在了上海，一边在美术学校教书一边带女儿，从此天各一方。李辉有十几年没有回国，直到女儿十几岁才回来把女儿接过去，赵葆康也不再坚持法国梦，办了澳洲移民，一家人重新团聚。这期间，每次我到上海，看见独自一人带着女儿的赵葆康，总是会想到李辉推崇的柏拉图。

★后来华工附中的英语老师说要保送我武汉大学英语系，为了那些美极的建筑和樱花，我还真正地动心了很长时间

自己出去写生的日子是非常愉快的。骑着父亲又笨又重的德式自行车从山顶一冲而下，可以沿着东湖转圈。一个少年，可能心里已经自以为是个青年，一个人享受着无人的东湖。武汉大学离南望山不算远，那里依山而建的欧式建筑、三月校园里盛开的樱花始终吸引着我。

_王小帅 _薄薄的故乡 _76

我最远骑到过长江边上。父亲鼓励说要画就去画码头，画那些挑担的扁担，画那些码头上的船工。这样的旅行单程就要花去两小时左右，而且还是一个少年飞快地骑、肆意挥霍体力的结果。但我得以第一次一个人体验武汉这个大城市，喧闹的码头、汽轮，大声喊叫的人们，夏天里沿街横七竖八光着膀子躺在街边凉椅上的男男女女，横冲直撞的汽车。在筹备《扁担姑娘》的时候，街边横七竖八光着膀子躺在凉椅上的男男女女是我一直想要的一幅画面，可惜因为当时被禁止拍片，为了解禁的问题耽误了很长时间，等我们可以拍了，夏天早已过去。

就这样，日复一日，在一个被重新格式化后的少年心里，重新输入着新的内容，大城市的内容。

母亲一开始没有工作，四处托人，很快就联系上了武汉华中工学院，工人阶级出生、从来没有当过老师的母亲最终进入了华中工学院，成为一名大学老师。对于这个结果，我猜测可能是母亲在贵阳时，子弟学校要开设高中部，苦于没有老师就把母亲临时拉过去充数有一定的关联。因为母亲的原因，我也得以进入华中工学院附中继续初中学习。

入学的第一天出现了这么一个情况，因为虽然说在贵阳生

_ 湖边青年 _ 77

活了十三年，但工厂的那个相对封闭的圈子里的人始终是把自己称作上海人的，并且有互相之间上海方言为证，这在我们孩子心里也一直是形成了这么一种认知的，即我们和贵阳没关系，我们是上海人，上海是什么地方？上海有的确良，有大白兔奶糖，有大冰砖，有永久牌自行车。所以其实当我被告知武汉是个大城市，心里是不屑一顾的。我们上海才是大城市，虽然从来没有去过上海这个事实会让这种底气变得虚弱一些，但上海和我的关系总是天然相连的。所以武汉算什么？为了证明这一说法，父亲专门把他的一件还算像样的中山装给我穿上。深灰偏蓝色的咔叽布，有点大，套在一个十三岁的少年身上，正式得有点不伦不类，但至少希望做到不要让人看不起我们从贵阳来的人，我们也是很洋气的。

这里的每间教室是贵阳小学的两倍大，一个班的人有三倍多，把教室挤得满满的。已经没有我的位子了，只能把我安排在门边的一个加座上，基本只能 70 度角看黑板。当我穿着那件显得过于老成的中山装以上海人得意的心理状态坐在这个加座上的时候，我身后整个班里响起了一片“嗡嗡”声，其中有一句话清晰地刺入了我的耳朵：“乡里娃”。这三个字一瞬间击中了我，它无比明确地界定，在武汉这个大城市，在他们眼里，我

_王小帅 _薄薄的故乡 _78

78

从武昌南望山骑着父亲的自行车到長江边画码头，
这两幅码头的写生证明了那一段时光的存在

_ 79

回都是大半天。很幸运地被保存下来的

_ 王小帅 _ 薄薄的故乡 _ 80

不仅仅是个外来人，而且是个乡下来的人，没有人会对你的“上海”血统感兴趣。就是在那一刻，我的心理防线垮塌了。我承认他们是对的，我来自贵阳，来自乡下，我接受，我是个外来的乡下人，我不属于这里，或者说这里不属于我。这种认知一直贯穿了很久，无论后来到了北京，又去福建，再回北京流浪，“外乡人”是一直跟随我的一道心理印迹。所以，多年以来，我一直用一种外乡人的视角去观察我所处的城市，这个社会，甚至包括这个时代，有时候，我觉得自己也是这个时代的局外人。

华中工学院所处的位置比南望山还要僻远。除了那条通公共汽车的大路，还有一条山间小路，可以缩短不少从南望山到学校的距离。在母亲从学校分到一套宿舍之前，我每天就从这条山路穿过，去到学校，或者从学校回家，那条路会穿过几个小小的村落，那里有养鱼池塘，农家的院落，有无数的野狗和农人家养的鸡鸭。虽然心里不甘，但我知道，我还是在农村，在山和水之间。

华中工学院一个学校，就已经远远地大过了我曾生活过的贵阳的工厂，无数条宽阔的柏油马路连接着数不清的各种苏式教学楼、宿舍。每条马路两边都种满了高大的法国梧桐树，斑

_湖边青年 _81

驳的阳光透过繁茂的树枝洒在大地上，那是一个新奇而庄严的世界，我花了很长时间才做到不至于在里面迷路。很快，我那颗“乡里娃”的小小心脏彻底被它征服了。本来在贵阳，我在我们整个学校学习成绩都是最上流的，可在这里，仅仅一个班，我就是垫底的。就是从那时起，我开始在心里暗暗感激我的父亲，因为他的强压，我手里有了一个别的同学所没有的手艺，我要把这手艺放大，以此来逃避普通文化课的落后。就是从那时开始，我自觉地背上画夹，骑上自行车，以画画的名义逃避现实，逃进我的天地。

还有就是英语，不知是从几年级开始，我们贵阳的子弟小学居然开设了英语课，在老师一张口说出的单词引来全班人的哄笑中，我却发现那里面的神妙之光，难道“万岁”还有那样的念法，难道“square”就代表了“广场”？这些奇妙的发音立即吸引了我，更奇怪的是我并没有觉得这一切遥不可及，相反，它们和我有一种天然的亲近感，好像似曾相识。于是，我对于英语学习的自觉性甚至更早于绘画。那时家里唯一的奢侈品是一台红灯牌收音机，是父亲专门用来偷听“美国之音”的。那时收听“美国之音”属于收听敌台，是不被允许的，所以父亲经常在“美国之音”对华人广播的特定时间，人整个趴在收

_王小帅 _薄薄的故乡 _82

音机上，用极小的音量收听着那来自遥远地方的声音。信号时常被干扰，但父亲不顾这些，饥渴地捕捉着那些时常冒出来的汉字，这些汉字的组成和传达的意思和平时听到的是那么不一样，这一切都造成了强大而诡异的气场，有一丝恐怖，又有一丝激动。

就是这台收音机，就是这个“美国之音”，每天到晚间 9 点左右有一档英语九百句的教学课程，随后是马克·吐温的长篇小说《汤姆·索亚历险记》的小说英语连载。在每天晚上父母和妹妹都睡觉之后，我就会悄悄地打开收音机，像父亲一样趴在收音机上，音量调到正好自己能听见又不会打扰他们睡觉的高度，沉浸在英语九百句和汤姆·索亚的世界里。这一切现在想来是如此不真实，在 1975 年左右的中国，在偏远到大部分人都不知道它存在的山沟里，一个少年，在夜深人静的时刻，耳朵贴着红灯牌收音机，屁股翘得老高，极力地捕捉着每一个穿过干扰而来的遥远的异国之音。因为这一段奇特的经历，也让我在后来的学校多了一份不错的技艺，在我的数学、物理、化学已经差到无以为继的时候，英语成了我的另一根救命稻草。

在武汉的时光就这样静静地流淌着。新的记忆卡继续存储

_湖边青年 _83

着那里的一山一水，一草一木。环绕着美丽的东湖，少年慢慢地变成一个青年。终于在15岁那年，接到了来自北京的中央美术学院附中的准考证。这一张准考证，意味着我可以堂而皇之地从普通的文化课上逃之夭夭了。在准备赴京赶考的前夕，我的英语老师找到我，她害怕我考上，她说如果我考上了，也请我好好想一想，因为就我现在这样的状况，再过两年，她可以保送我进武汉大学英语系学习。我记得我们是站在一棵巨大的法国梧桐下做这一番对话的。当时的我心里早就飞向了那个远在北方的城市，这个城市是中国的心脏，是小时候无比向往的毛主席所在的地方，那个地方是新的宇宙中心，特别是那个学校，以中央开头，而中央是一个什么样的地方啊！

我答应老师，我会认真考虑她的嘱咐。最后我说，我应该是考不上的，她说那她就放心了。

但是我暗中加紧了步伐。在南望山的家里，绘画聚会多了针对性，赵葆康、李辉、汤志良似乎突然神秘起来，那个遥远的美院附中好像也给他们上了一个考题，过去泛泛的赞美突然变得不容易出口了。在他们眼里，这个孩子已经不再是涂鸦少年，准考证的神圣性让他们变得谨慎起来。每一句话，每一个指点开始透露出一份审慎的专业性。很多年以后，在上海重新

_ 王小帅 _ 薄薄的故乡 _ 84

*汤志良留突然参加了野战军这个事使人百思不得其解，而且还去了远在兰州的某个部队，[redacted]

又见到赵葆康和汤志良，他们已经随着文工团的解散各自回到了上海，我们在路边的小餐馆里喝着黄酒，我也已经拍出了自己的第一部电影。他们说，说实在的，当时在那个时候，那个条件下，他们自己也完全没有信心我可以考取那个学校。赵葆康说那是什么学校？中央打头，全国招生，而且只招十三个人，想想都可怕。后来你还要上电影学院，这个想想更可怕。那天我们至少喝了六瓶黄酒，而且我已经不再是那个十四五岁的少年，当年我叫他们叔叔，其实他们也才二十多岁。

“不好叫了，不好叫了，现在已经不好叫叔叔了。”

令人奇怪的是，录取通知书下来的那个夏天在我脑海里却是一片空白，我不记得那个注定重要的时刻是怎么到来的，或者是赵葆康夫妇正在上海探亲？汤志良已经参加了野战军？可以确定的是那时候父亲正好被上海借调过去演出话剧《陈嘉庚》，所以那封通知书就这么平平淡淡地来了，除了母亲和妹妹，没有人在身边，没有特殊的庆祝和欢呼。

和同学们也是，原来以为有的激动[redacted]也被悄悄地压抑回去了，因为在他们眼里，这和我们当时去转

1981 年的那个秋天，借着去北京报到，我做了人生中第一次独自旅行。我顺江而下，从武汉坐船前往那个传说中我的出生地，上海。 现在又要

_湖边青年 _85

在向排练的父亲炫耀完那张录取通知书之后，父亲就把我推给了我从未见过的汤志良的弟弟，他带着我游玩了这个从小的梦中之城，吃遍了传说中的大白兔奶糖、大冰砖、城隍庙鲜肉月饼、小汤包……不知何故，当这一切实实在在来到面前的时候，当我自认为真实地踏在上海的地界上之后，那份自以为会出现的激动却并未降临，取而代之的却是一份深深的陌生感和失落感。这个我出生的城市并没有因为我的到来而产生任何改变，它以及生活在它脚下的人们自顾自忙碌着，我熟悉的吴侬软语飘散在各个角落，可是没有一个字是飘到我头上的。我在一个个景点中留影，尽量掩饰一个外地人窘迫的模样。就像当时刚刚到武汉时，“一个来自贵阳的大上海人”的心理重新涌现了出来，上海算什么？我是武汉人，武汉也是大城市，有长江，有长江大桥，武汉三镇加起来比上海还大，武汉是中国的中心，有九省通衢之美誉，我曾经骑着车，自由地穿过它的大街小巷。虽然在那个时候，我的骄傲恰恰并非因为我来自贵州，而正是来自脚下这片陌生的出生之地。而现在，当我真正来到我的骄傲之地，却突然发现在这个冰冷的大城市里没有找到丝毫关于故乡的温暖，更没有找到这个城市可能和自己有关的任何证据。它庞大地存在着，完全没有理会一个少年心里对

_ 王小帅 _ 薄薄的故乡 _ 86

它的纠结。

多年的幻觉破灭了。记得那一刻，快要离开的那天早上，在父亲的房间里收拾好行李，突然有一刻不记得自己是要去哪里，有一种心被挖空的感觉。

父亲没有去送我，他站在门里，让我自己走出门，就像每一次的抵达和离开一样。汤志良的弟弟在门口接上我，他对父亲不去送我很吃惊。我跟着这个陌生人，一路由他把我送到车站。

我独自踏上火车，离开这座在心里找了很久但始终没有答案且显得莫名其妙的城市。我在常州站下车，看望了从未见过的大伯，父亲的哥哥，然后由常州北上，扑向另一个陌生。那一年，我 15。

似乎这一走，什么都会没有了，贵阳没有了，武汉没有了，上海也终将没有了，虽然它根本没有存在过

_湖边青年 _87

_王小帅 _薄薄的故乡 _88

我强烈地意识到如果等到了终点，等这趟列车真正到了终点，一切都将来不及了，一切都没法改变了。我将要站在那个陌生的土地上，成为那里的一个居民，不是过客，不是游客，而是一个真正的本地人了，一切就都是真的了

89

3

城域边缘

_ 王小帅　_ 薄薄的故乡　_ 90

"城"似乎是人类活动的一个重要标志，群居的人类特性使人需要一个"城"来容纳人类活动。所以人人想进"城"，以此来获得安全感和一份认定。进了这个"城"，便有了主人的位置。我虽然也进了很多"城"，但却似乎没有在任何城里找到过主人的位置，所以我认为我始终还处在"城"的边缘。

回到北京已经是 90 年代初了。街边多了许多大排档，店主直接用电线把灯泡吊在外面，有的铺面外挂上了灯帘，由小灯串起，当时很时髦，人们叫它满天星。黄昏来临的时候，满天星亮了起来，北京看起来更加热闹了。

我们坐在东四和隆福寺之间的一家饭馆外面，这是一家广东大排档，据说是两个广东的姐妹开的，在当时的北京城，吃粤菜是一种时尚。刘小东和我喝二锅头，喻红喝汽水，吃的什么记不起来了。从 1981 年考入美院附中，我就和小东认识了，那时我 15 岁，小东 18 岁，比我高一届。他很早就和喻红偷偷谈恋爱，大家一起玩耍已经是他们进入三年级的时候了。之后，他

_ 城域边缘 _ 91

们进入美院，我第二年进入北京电影学院。1989 年我毕业之后被分配到福建电影制片厂，在当时这意味着我将永远离开学习生活了八年的北京，离开许多的中学和大学的同学，包括他们俩。

其实我真正到福建报到是分配一年以后的事情，这期间刘小东举办了第一次个人画展，并且一次性把画卖了出去，成了一个成功的艺术家和有钱人。后来我在福建期间，在我们仅有的一次通信中，我说出我的绝望，他说我要赶快干事，这样友谊才能持续并平等。

我是 1990 年 9 月份到的福建，1992 年初回来，然后我们就坐在东四这个时髦的大排档，喝着二锅头，吃着粤菜。我们有两年没见了，我说我回来了，而且不走了，重新当回北京人，就算当不回北京人，我也要赖在这里不走了。

时候还没有发明“北漂”这个词，算起来我应该是第一
漂”了，并且一直漂到现在，用每年一换的暂住证
着我在北京的合法性！！
次推开辖区派出所的门，那个管事的警察大哥就会说：
来了，我就说你该来了吧，最近又有什么大作啊？”
为他认识我，使得我每次做贼一样的心理稍微缓和一些

_ 王小帅 _ 薄薄的故乡 _ 92

就是在那个粤式大排档里，我决定流浪北京。并且为了让小东相信我这个朋友不会连累他，会像他信里说的会做点事，不拉大差距，我正式宣布我要拍电影了。显然我还不知道要拍什么，只是恐惧让我必须要先把它说出来。当时我一个人坐在小桌子的一边，小东和喻红并排坐在对面，我看着他们俩，念头就冒了出来，我说就拍你们俩吧。他们说为什么是我们，我说没有别人，因为还没有一分钱，不可能找正式的演员来演。他们说我们能演戏吗？我说不用你们演，待着就行，拍我们也就是拍我们。他们同意了，就是为了帮我成就自己的一个事，这样将来可以向别人介绍说，这是我们同学，导演王小帅。

其实冒出这个不靠谱的想法以后，我第一个找的不是他们，是邬迪。在学校期间邬迪已经以机械员的身份拍过几部戏了，按当时的说法算是跟过组的人。后来他参加导演系一个留学生的学生作品的拍摄，我们认识了并成为朋友。

邬迪的父亲是中国儿童电影制片厂（简称儿影厂，下同）的职工，所以他在学校边上儿影厂的家属楼有一个小小的一居室，那个一居室就成了我们的窝点。那时候能拥有一个一居室完全像已经拥有了天堂。读书期间和毕业之后等分配的那段时间，我们就在那儿喝酒、打牌、谈恋爱，留下了许多轻狂记

_ 城域边缘 _ 93

＊待分配的这段时间还和张元一起在学院对面的蓟门小月租了一个院子，张元社会活动能力很强，除了摄影，也扮演了制片这样的角色，我们在大院里吃喝、做梦，幻想着筹备《中国吊扇》，后来有了《妈妈》，我写了剧本，张元把它拍了出来。

忆。分别两年之后再找到他，他已经有了正式女朋友，小窝点没法长住了，我只能背着唯一的一个挎包，开始流浪北京。记得在学院边上专利局招待所十元一铺的地方睡过一晚，小月河一个剧组的美术的床上睡过一晚，第二天一早等剧组乱哄哄地出发之后，自己再顺着墙边溜走。有一天转移到小月河后面的一家不知名的旅社时，我彻底绝望了，巨大的恐惧伴随着寂静的黑夜笼罩着我，难道就这样了吗？那个从贵阳到了武汉，又从武汉兴冲冲来到北京，做了将近十年临时北京人的我，就这样再一次被彻底遗弃了吗？在北京我什么都没有了，没有了户口，没有了档案，没有了与朋友平等的座位。街边新建的一栋栋楼房，每一个窗户里都亮着温暖的灯光，街边新开的饭馆、大排档，人们坐在那里喝着啤酒，这一切跟我一点关系都没有了，恐惧和孤独压迫着我的每一根神经。回想着自己义无反顾地奔向中国地图上最偏远的那个省份，那个之前几乎没在意过的城市，以为电影的大门会为一个年轻的大学生敞开。而现实是，你几乎用生命跟自己开了一个天大的玩笑，如今没人能够挽救你了，学校跟你的关系结束了，朋友也都一样年轻迷茫，这天下只剩这么一个幼稚无知的大傻子了。在那个深夜，我咒骂着自己的愚蠢。但这不是最后，生命和世界都还没有结束，明

_王小帅 _薄薄的故乡 _94

天天还会亮，你还要离开这个旅店，在街上寻找下一个可能免费的床铺。你必须做点什么！我是干什么的？我想干什么？

天亮的时候，我找来了邬迪，还有何建军，我说我要拍电影，马上，不能等了。他们说你有投资了？我说一分都没有。他们说我们可以联合起来，再去找九个导演，九个摄影，一起当导演，一起当摄影，来拍我们的第一部电影。我认为这样不行，导演应该是一个非常独立的工作，人多了会乱，还是得单独干，自己闯出一条血路。集体创作的事情被放到了一边。

再后来我找来了刘杰，加上邬迪，摄影师我有了。刘杰和我跑回他的老家取得了保定胶片厂的同意。保定乐凯胶片当时已经不生产能用于电影拍摄的大本胶片了，大本胶片出厂时都被裁成35张一卷的照相用的胶卷，我们说服他们再次振兴国产胶片，他们同意将在我们拍摄期间特意为我们保留一些大卷，这样我有了胶片。我们又在北影厂的器材库里找到一台早已弃用的摄影机，这台摄影机不能用于同期录音，一开机哗哗地响，像是拖拉机从你耳边开过。我不管那一套，只要能挂上胶片，把人拍得动起来就行，声音后期再配，这样我有了一台摄影机。

_ 城域边缘 _ 95

后来在拍摄的过程中，我还找来了姜烨，让他以[redacted]一个逃亡者的身份出现，扮演一个有气无力的逃亡者，其实是在他身上安置了一个我。

于是，我坐在东四街口的广东大排档里向小东和喻红宣布我要拍电影了，演员是他们俩，这样，我有了演员。

剧本在美院的学生宿舍里完成了前半部分，取名“冬春的日子”。我向小东和喻红道歉，我说这个电影里的他们还没有办过个展、卖出过画，还没有成功。这个电影里，他们是迷茫的两个人，连爱情都要走向绝路。我拍的是他们的影像，可附着的全是我现在的心境，一个恐惧、迷茫、失败的黑白世界，这个世界还联结着我们1989年毕业的所有人的境遇。

十几年前，一个抱着画家理想的青年，一个人离开武汉，开始了在北京的独自生活，那个时候的他，完完全全想不到他未来的职业会是一个如此遥不可及的梦。父亲苦心经营的绘画理想结束了。父亲曾反复劝告他，不要走有关戏剧或电影的路，说这条路太辛苦，所有的一切你都决定不了：演员可能一辈子等不来一个机会，导演可能一辈子无法自由表达——一方面戏剧电影本身的集体创作形态使一个作者很容易就被淹没掉个性，另一方面在父亲所处的那个时代，由[redacted]很多时候导演只不过是个傀儡罢了。绘画就不同了，绘画你可以独自一个人完成一件作品，这件作品可以是山，是水，是花鸟，无关乎别人，无关乎政治。在绘画世界里，你可

_王小帅 _薄薄的故乡 _96

以自由自在。

因为父亲一生的经历，我相信他说的话。

父亲的一生，跟戏剧有关，最后又跟戏剧无关。父亲 1959 年毕业于上海戏剧学院表演系，后留校任教八年，我完全可以设想，这八年是父亲一生中最美好的八年，戏剧、艺术、教学、演出，完全沉浸在舞台的迷幻之光中。改变来自 1966 年，中央提出“开发大三线”，中国沿海工业大城市里的军工企业，大部分要被迁到西南一线的大山里，以贵州、四川、云南、甘肃一带为重点。母亲所在的上海光学仪器厂，因为生产的是潜艇上的潜望镜，属于军工企业，几乎整个工厂被迁到了贵州。那一年我出生。父亲无奈放弃了八年的教学生涯，随母亲和我去到贵州，从此，戏剧舞台在父亲身上就名存实亡了。那一年，父亲 31 岁，母亲 28 岁。父亲以 31 岁黄金年龄告别了舞台，失去了对自己人生的支配。唯一的曙光来自 13 年后，父亲受邀赴武汉军区文工团演出话剧，从此从军，希望以武汉为天地重新回到舞台。但好景不长，44 岁的父亲刚刚准备开启他生命的新篇不久，军队文工团遭到解散，不到 50 岁的父亲便早早退休。失意和落寞如此纠缠着父亲的一生，所以他对我反复说的话我不得不信，并且最初也走上了他所希望的道路。但在即将从美院

。陕甘宁为大西北三线

_ 城域边缘 _ 97

附中毕业时，我突然决定大学转读电影学院导演系，父亲这时也只能长叹一声。一生虽落寞，但性格乐观、崇尚自由的他没有阻止我，只是说导演可不是那么好当的啊。

多年以后，当站在我人生第一部影片的拍摄现场的时候，我只能在心里说，对不起了爸爸，你担心的事还是发生了。

影片拍摄了五个月左右。拍摄时间之所以那么长，主要是因为我唯一的两个演员只能在每周六的下午和周日拍摄，其余时间他们有自己的工作。他们两人已经分别在美院附中和美院本部留校任教。这样，我们周五把机器从北影厂借出来，周六、日拍两天，然后还回机器。周一我独自拎着拍好的胶片，坐火车到保定冲洗。唯一的经费是从摄影系同学张洪涛处借来的五万元人民币，主要用于基本的吃饭、交通和所有的后期费用。那时候已经时兴拍摄广告，张洪涛有经商头脑，早早开设广告公司，开始经商了。

主要的场景在中央美院附中院内，小东留校任教，学校在我们那栋老楼四楼的尽头给他分了一个小间，当卧室兼画室，他很多早期的作品都是在这间不足20平方米的小屋里诞生的。

重回母校，对我这个已经和北京没有了关系的人来说，心

_ 王小帅 _ 薄薄的故乡 _ 98

情是无法言说的。在这里的四年时间，我就生活在这个封闭的小院里。记忆中学校门房临着美术馆街，我每天都盼着家信能够插在门房的小木箱子里。进楼的大门上悬挂着一口老破铃，每天总在凌晨睡得正香时把人闹醒。宽敞而幽静的走廊，地面幽幽地反射着冬天的阳光；摆放着同学们的画架的画室，油画颜料的味道似乎融进了空气里。小院里唯一的一棵枣树，每到秋季开学的时候，总让我们围着打下成熟的大枣。从 1979 年恢复招生至今，这个红砖砌成的四层大楼和楼下不足两亩地的小院，迎来送走了一批又一批来自全国各地的学子，见证了他们青葱时光。

我决定放弃考中央美术学院本部是在 1984 年，那是决定选修课以备考大学的头一年。具体什么季节我记不清了，那一年学校组织放映了一场当年轰动全国乃至世界的中国电影《黄土地》。那一刻我意识到，电影可以和绘画很像，电影不一定都要像《渡江侦察记》或《春苗》那样的。也是在那一刻，我知道了除美术学院、音乐学院和戏剧学院之外，北京还有一个叫电影学院的地方，而且这个学院还有个专门教导演的导演系。原来电影也是有导演的，我意识到我未来可以做什么了。在这

_ 城域边缘 _ 99

之前，我遭遇了武汉华中工学院附中上初二、初三时一样的困境，那时我的数理化已经完全无以为继，往普通学校考虑，怕连高中都上不下去。幸运的是我有绘画这一在当时在所有人看来奇怪的技能，而这一技能的考试，文化课方面数理化的成绩是几乎忽略不计的，所以当时报考美院附中，多少也有逃跑之嫌。现在这一困境再次重演，经过三年附中专业绘画的训练，我竟然连一幅油画创作都完成不了。我本计划在一幅长一米、宽八十厘米的画布上完成创作，构思是这样的：华北一望无际的农田，丰收过后的土地，农人在田里忙碌着，马在边上悠闲地吃草。可是没开始多久我就陷入了窘境，然后就在画布上一遍一遍地改，把天从有着薄云和夕阳的黄昏改成一碧如洗的蓝天，马儿从画左画到画右，农人被油料抹掉了，三匹马变成了一匹马，这一匹马又从棕褐色涂改成了白色，一次次无能而徒劳的努力，我对着画布一筹莫展。 老师和我都很清楚，油画系不太可能了。而上不了油画系，那还能叫画画，还能叫画家吗？老师善意地提醒我可以考虑报考连环画系。连环画？那是什么？小人书？我们小时候人人热爱的一页页像插图一样配着文字的小人书？那是画画吗？老师说我平时活泼好动，好模仿，会讲故事，连环画应该适合我。我始终感觉到在我的生命历程中，失

_ 王小帅 _ 薄薄的故乡 _ 100

从1987年幸运地考上中央美院附中到1989年从
而且几乎跨越了整个八十年代，为此我

101

101

院毕业，可以说我的青春期是在北京度过的。
年，因为那是最美好的年代

_王小帅 _薄薄的故乡 _102

_ 103

103

在电影学院导演系最受我们欢迎的是短片实拍环节。一个同学做导演，其它同学帮忙做助手，有的还真接出演角色。图中左下角是李骏，正在拍摄他的作业，可以看见后面三角架上的16mm摄影机，中立者是姜烨。拍摄这张照片的是我。短片的名字叫《昨日摇滚》

我在校期间拍摄的三个短片分别为

《白》（刘小东主演）

《儿童游戏》（姜烨主演）

《基本筹划》（胡雪杨主演）

_ 王小帅 _ 薄薄的故乡 _ 104

败和挫折总是在恰当的时候出现一下，但却总是出现在还来得及去思考和改变的时候。1984 年的某一天，在接连看完《黄土地》和《一个和八个》之后，我放下那张已经被我涂抹得像墙皮一样厚的油画创作，走出画室，来到了一楼的图书馆，在电影类的目录中，找出两本书,《世界电影史》和巴赞的《电影是什么？》。

当时美院附中占据着北京市最中心的位置，美术馆和隆福寺街口，门房对面是中国美术馆，身后是隆福寺，右转上街走到北兵马司、宽街，左转上街过美术馆和华侨大厦的十字路口再前行，经过人民艺术剧院就进入王府井了。而当时的北京电影学院远在北京的北部，由今天的京八高速一路往北，经马甸、清河、回龙观、沙河，然后在一个叫朱辛庄的站下车，再拐上右边的农田沙石小路往东走出约两公里，在沙石路北面出现一个普通校门，门的右柱上竖挂着“北京电影学院”几个书法字。我们计算过,从校门出来走过沙石路到大路上大约用时 20 分钟。上了开往城市的公共汽车一路到今天的马甸桥，用时大约 40 分钟，从马甸桥转 111 路公共汽车到隆福寺的美院附中用时大约也是 40 分钟。这还是最顺畅的一次旅途。我知道，一旦考上电影学院，当了四年城里人的我又要再一次被扔到乡下去了。从

_ 城域边缘 _ 105

贵阳乡下到武汉乡下，如今又要到北京乡下。我这个被武汉同学称为“乡下娃”的人名副其实地离不开乡下了，但我的心情是无比愉悦的，毕竟自己要成为一个大学生，而且是一个导演系大学生，并且虽远在郊区但毕竟还是在北京。

真正觉得自己彻底“乡下了”是在电影学院毕业以后，我在地图上第一次认真查找了一个叫福州的地方，它在离北京最远，或者说中国版图上最边缘的东南角，甚至已经超越了西南贵州的位置。贵州下面还有广西，而福建的外面，就是海了，海的对面，是台湾。我被告知正式分配到那里，福建电影制片厂，户口和档案已经离开电影学院，如果不去，我将无处安身。记得那是 1989 年 8 月左右，当时时任福建电影制片厂厂长的著名编剧陈剑雨先生亲自到学校要人，陈厂长的女儿是如今著名雕塑家向京，我在附中的同学。陈剑雨找到我们，承诺我只要同意去福影厂，那里将是我施展才华的天地。我答应了。

最终我却和这个承诺无缘。手续还没办完，陈剑雨却突然离任回京，等我再去的时候，已经是新的领导上任了。

我永远记得一年后的那次报到旅行，从北京去往福建。

小时候坐过时间最长的一次火车是从贵阳到北京，两天两夜。但是因为年龄太小，过程已经记不清了。另一次是 15 岁时只身从常州的大伯家坐火车赴北京，那次是去美院附中报到，从

_王小帅 _薄薄的故乡 _106

上车就被堵在车厢边的厕所门边再也挪不动半步，就这样两天一夜地站到北京。然后就是九年之后的这一次，也是最后一次：如此漫长的火车之旅，整整三天三夜。头两天，窗外基本还是曾经熟悉的景色，对时间还有概念。进入第三夜的时候，突然感到不对劲：怎么火车还在开啊，我这是要去哪儿啊。望着窗外墨一般的黑暗，看着铺位上睡得很香的同学凌云和一整个车厢沉入梦乡的旅客，恐惧和孤独感如凉水般慢慢地浸透了全身。他们睡得多香啊，他们有的是回家，有的可能只是短暂地出差、游玩。凌云虽然也和我一样被分配到福建厂，但他的爱人已经早早地安定在了福州，他这也是回家啊。而我是算什么呢？奔赴一个全然陌生的地方，不是暂时，而是永远要生活在那里了，自己 23 岁以后的人生就这样永远离开了北京，离开了朋友、同学，未知的一切要在那里展开了。崩溃出现在次日早晨，当我迷迷糊糊睁开眼的时候，车轮枯燥的声音粗暴地持续着。还在开吗？窗外的景色已经全然变了，眼前一条宽阔的河流跟随着前进的火车，河面上蒸腾着一片蒙蒙的雾气，使河岸两边的树木、山丘掩映在一片朦胧之中，初升的太阳血红而无力地悬挂在那里，就像一个刚刚睡醒的人打着慵懒的哈欠，它的光芒还没有完全显现，但这光芒已经逐渐代替了值更的黑夜，时间

_ 城域边缘 _ 107

无情。这是哪里啊，这还是中国吗？这是我二十几年来从未有过的视觉经验。“闽江，”凌云说，“我们已经进入福建了。”“遥远”这一概念第一次那么真切地呈现在我脑海中，它已经不单单指物理上的距离，还含有心理层面对未知的无望和恐惧。

这已经是第三个白天了，虽然这一天我们也将抵达这一次旅途的终点，但不行，这一切都错了。我强烈地意识到如果等到了终点，等这趟列车真正到了终点，一切都来不及了，一切都没法改变了，我就要站在那个陌生的土地上，成为那里的一个居民，不是过客，不是游客，而是一个真正的当地人了，一切就都是真的了。我跟凌云说我要在下一站下车，我不要到那个地方去了，我以为只要中途停下来，对某个东西说我错了，我就能改变一切、回到过去，让一切从新来过。我急切地重复着，表露这不加掩饰的恐慌。我要下车，我要坐火车回去，不能等到一切都变成事实。

我在那辆载着我奔向那个不可逆转的结局的火车上做着徒劳的挣扎，我跟凌云描述着我想象中的情景，那里没有人会来接我们，我们到了那里，会有一个门房老头问我们是干什么的，然后会有人把我们领到一个招待所的房间，然后我们就被扔在那里。然后就没有然后了。不对，不是我们，是我。因为

_ 王小帅 _ 薄薄的故乡 _ 108

你会直接回家，吃你老婆已经给你准备好的饭菜，睡上你和你老婆的床，然后第二天早上你会穿着拖鞋、睡衣，在自己家门前的小院子里散步、喝茶，你的一切都会尘埃落定，你心满意足。凌云看着我，无言以对。

太阳终于显现了光芒，白天冷酷地驱走了黑夜，时间继续着冰冷的脚步，无论你如何挣扎，都已经无法改变在前方等待的事实了。

那一天接近中午的时候，我们终于被这个毫无感情的庞然大物驮到了终点站福州车站。

没有人来接我们，甚至凌云的老婆都没有来，完全陌生。我乞求地看着四周，巴望着哪怕有一个可以抓住的同情的眼神，这个眼神会过来，说我知道你不属于这里，来，我送你回去。

凌云陪着我先到厂里，谢谢他没有直接回家。一切与我预想的一样，空空的厂门口，门里一个不大的小院，院子中间一个小小的水池，池边用铁栏杆围着，水池后面是一座三层的小楼，灰白色。这个楼除了办公还兼着一些职工的宿舍，厂长室在二层左手靠近走廊的第二间。厂门口左右各有一栋宿舍楼。绕过办公楼有一个小广场，比篮球场大一点。再绕到办公楼后

_ 城域边缘 _ 109

面是一个四层楼的招待所，厂里不拍戏的时候这里空无一人。自从我进厂后，它一直空无一人，我曾经是它唯一的住户。在招待所的边上、小广场的身后，有一个摄影棚，不算大，但已经是一个正式的摄影棚。就是这些了。门房的老头问过我们的来意，叫来了一个中年妇女，是管后面的招待所的，她把我们领到招待所，我们爬到了三楼，随便停在一个房间前，妇女打开了门。屋子里没有窗帘，四张生锈的铁皮床架子，上下铺，可以睡八个人，没了。妇女说食堂在楼下的平房里。可以先找她换饭票，一会儿她会抱一床褥子和被子过来。记得那时已经过了中午，阳光灿烂，除了我们仨和门房，整个过程中未见到一个人影。宁静中可以看到阳光下飞舞的小虫和偶尔被我们唤醒的粉尘。妇女给我抱被褥去了。凌云和我抽了一根烟，“我走了，弄好了哪天到我家吃饭去。”

随着他的脚步最后消失，一切尘埃落定。

在死寂一般的空气中，我，只有我和我在一起了。

我确信这是一个幻象，一切都不是真的。但是我的确信不起作用。我坐实了这里，这间屋子，这些铁床，这里的空气，有一点发霉的灰墙，是我，是真的我在感受这一切，一切都是真的。

_ 王小帅 _ 薄薄的故乡 _ 110

111

111

有了一台摄影机就像有了眼睛，
有了胶片就像有了纸和笔
这是拍摄《冬春的日子》时第一次和摄影机亲密接触。
虽然是很老的阿莱2C，跑起来"哗哗"作响，
但这已经足够了

_ 王小帅 _ 薄薄的故乡 _ 112

邓洁现在已经退休了，后来的几次回榕和他来北京我们都不醉不归，当时单身的他在我离开不久就结婚了，育有一女，生活美满幸福。他们夫妻俩热爱茶艺，也收集大量紫砂壶。以文人自居的他

不知道在招待所究竟住了多久，有一天，厂里终于在办公楼三层给我安排了一个小房间，可以算作我的家了。因为厂子太小，需要固定上班的人不多，一层和二层就够用了，三层实际就成了宿舍，有家和单身的都在一个走廊里生活着。我的房间左手边是女厕所，斜对面对着楼梯的是厂里第一个分来的大学生，毕业于上海某大学的文科生邓洁，男性。据他自己说是全福建第一个由外地分来的大学生。我们成为酒友，大部分无事可做的时候，我们从食堂打上饭菜，边吃边喝到凌晨，有时候到天亮。他能喝，也能聊。 那时我的工资是这么安排的：我知道我注定有一天是要走的，就把每月工资的一小部分留在枕头下面，一部分买一瓶金奖白兰地，一部分买烟，剩下的全部买成饭票，这样每月发了工资的这瓶金奖白兰地就是我们神仙一样日子的主要支柱了。压在枕头下的钱几个月以后就足够买一张联航的机票飞去北京了。我知道，我要离开福州的那天，绝对不会再去坐那趟火车了。

在走廊的中部，我右手隔两个门，住着王利军一家。那时他已经当上摄制组的制片主任了，女儿刚刚会满地乱爬，我随便一串门，就可以在他们这正式的家里坐下来吃一顿家里的饭菜。以后每次回榕基本就是在他们夫妇的安排下度过。至今还

_ 城域边缘 _ 113

清晰地记得他太太骑摩托车带着我穿过福州的大街小巷去帮我办理护照的情景。我们约了多年的合作也在 2013 年拍摄《闯入者》时如愿了，他来做了《闯入者》的制片主任。王利军家的斜对面住着郑文昌，那时已经经常不在厂里干活而在外面单干了，用他幽怨的话说，“厂里哪有活干”。文昌的老婆孩子不在身边，大部分时间是一个人。每天早上起来，上好的铁观音的茶香就从他屋子飘满了楼道。“来，喝茶。”文昌声音永远不大，一口闽南普通话。

可惜极度善良的应雁去年去世了。他当年也在电影学院进修摄影，我们算是校友了。我到厂里的头些日子就是亏他和他爱人的照顾，几乎天天、顿顿在他家里吃饭。应雁高大魁梧，在做摄影之前是福建省水球队队员，一个猛子能从五十米泳池的这头潜到那头，可是没想到最后也结果于此。听他们说，那天他按时去游泳馆游泳，这已经是他几年不变的习惯了。他潜了下去，再也没有上来。应雁走后不久，我正好去福州，和他妻子拥抱时我流泪了，他妻子见到我大声地喊：“小帅啊，应雁没了。”

现在的我，每每想起在福州的日子，想起那些善良的同行朋友，心里竟生出与当年刚去时完全不同的感受，我要感谢命

_ 王小帅 _ 薄薄的故乡 _ 114

运把我带去认识了他们，他们使我在中国遥远的东南角有了一种家的感觉，他们是我生命中重要的一部分财富。

就这样，我当了一段结结实实的福建人。北京似乎已经是一个远挂在天边的概念了。偶尔接到邬迪的电话，这个概念才又清晰起来，“哥们儿，那儿不行就回来吧。”他的这句话像极一根希望的稻草,但我不知那是进路还是退路。小东来信说:“沉住气，坚持住，我们都还在呢。”很多年以后，有一次整理东西又看到了这封信，我蹲在那里起不来，泪流满面。

我知道留在我前面的唯一一条路是争取拍片。只有拿到了拍电影的权利，才有改变的希望。

我在福州的两年里写了五六个剧本，这在厂里引发了不小的震动，在一个天天平静如水的小厂里，这个小青年的一个个剧本像是一颗颗小小的手雷，同事们议论着，希望厂里能走出一个属于自己的导演，拥有属于自己的摄制团队。虽然那时的福建厂已经拍出《木棉袈裟》《欢乐英雄》《阴阳界》几部异常成功的电影，但全部是借出自己的厂名而已，主创人员也全部来自外面，厂里的人大部分跟着做副手，好的时候通过厂里争取到和别人联合挂名。所以我这个初生牛犊的小年轻不经意间

_ 城域边缘 _ 115

引发了不少议论。

时间在一次次的希望和失望中流过。当时的电影生产是“计划经济时代”，每年摄制的电影都有国家统一指标，福建是小厂，一年只有一个指标，拍好拍坏一锤子买卖，所以外借厂名合作最为安全，让一个刚刚毕业的小青年来拿走这个人人渴望的指标是个多么天真的想法。

幻灭来自 1992 年初的某一天，北京电影资料馆的领导来厂里视察，然后举行了一个会议。会议上资料馆领导说听说你们厂里有个叫王小帅的人，是北京电影学院的毕业生，你们应该让他拍片子啊。我说我就是，我在争取。厂领导发言说我们这里的大学生还年轻，要想独立工作恐怕还要锻炼五年。五年，这是一个我等待了无数次之后唯一的一个清晰的信号。这个信号清晰到厂领导的话音还没散尽，我已经站起来离开了会议室。我拐上楼，打开我的小屋，用两三分钟收拾了一个背包，从枕头底下取出我预备好的钱，转身锁上门，往右转到王利军的门口，叫出了没有参加会议的他，把手中一把小小的钥匙交给他保管。他惊愕道：“你去哪儿？”我说回北京，可能不再回来了，你帮我保管这把钥匙吧。 这把小到不足拇指第一节大小的钥匙，王利军

然后我下楼，二楼会议室的会议还在继续，我想，和谁打 帮我保存了两年。我两年后再回来办护照的时候，他得意地把它举到我眼前，他说有它在我手里，没有人敢踏进你房间半步。

_王小帅 _薄薄的故乡 _116

个招呼呢？这个想法没有让脚步停下。

从听到那个信号，到踏出厂门，用时不到十五分钟。

再见了福州。两年的光阴，两年的欢声笑语，两年的幻想，在走出厂门口的一刹那都留在了身后。我嘱咐王利军不要告诉任何人，因为我以为这是一种逃离，在这种逃离还没有安全完成之前，一切都是不安全的。在急急拐过街角、穿过菜市场来到大街上，确认后面没追兵之后，招手打车。车子启动的时候，心还在怦怦直跳。

重回北京，物是人也是，只是我已不“是”。一切都得从头再来。一个离开学校的人，早已不可能再有当学生时的娇气，社会就这么硬生生辽阔阔地铺展在你面前，家庭的支持，朋友长辈的赞美这时已如沉在水中的石子，河水就这么无情地流淌着，你要成为你自己水中的掌舵手，再无人能依靠。

母校中央美院附中和电影学院一如既往地热闹，一届届的学子犹如当年朝气的我们，而我已经踏不回这条河流。

然而变化也已经在发生。90年代初的中国，经历了80年代整整十年的洗礼，压抑下的觉醒已经在发芽。当我坐在东四大排档和小东、喻红久别重逢的时候，张元正在筹备和拍摄他

_ 城域边缘 _ 117

的《北京杂种》，吴文光的《流浪北京》正在被人们谈论，一切都在变，一切又有了希望。暗流在涌动，北京还是那个北京。而我，又回来了。

拍摄了五个月的影片最后在新影厂完成了后期制作，它是那么粗糙，经历了太多不可想象的磨难，但是它就在那里。

1993 年底，香港影评人舒琪和英国影评人汤尼·雷恩把它介绍给了温哥华电影节，随后又开始了鹿特丹和柏林之旅。在鹿特丹，我们被放进了“黑名单”，我们通过香港来的传真看到香港报纸上的大标题，其中有“七君子”几个字样，包括当时在影展参展的七位导演的名字：田壮壮，张元，宁岱，吴文光，段锦川，何建军和我。这几个导演的作品都没有申请当时的拍摄指标，有的是未通过审查。记得电影节主席把我们召集到一起，转述了来自中国官方的要求，要求电影节方面停止放映我们的作品，同时要求我们主动撤片。事关重大，主席要我们自己做出决定，无论我们做出怎样的决定，他都会尊重。

我们一致选择了继续放映。我们几个围坐在一起，意见统一以后，我们静默无声。第二天，香港报纸就登出了国内对我们的处罚决定。

_ 王小帅 _ 薄薄的故乡 _ 118

这是拍摄《冬春的日子》时的工作照。加上这张照片的拍摄者，这应该就是摄制组的全部人员了。掌着机器的是摄影师邬迪，给喻红量光的是摄影

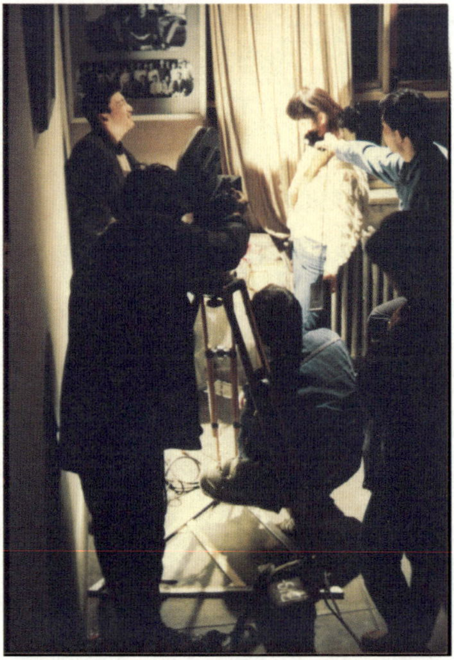

师刘杰（有两个摄影师的豪华摄制组）。蹲在地上的是灯光师小单（灯光组就他一人）前景背影是摄影助理六子。六子的女朋友给我当场记。除了一个场记，导演组我是孤家寡人。就这样，没人了。当然还有刘小东和喻红两位跨界演员。照片摄于中央美院附中四楼某办公室。

_ 城域边缘 _ 119

119

_ 王小帅 _ 薄薄的故乡 _ 120

120

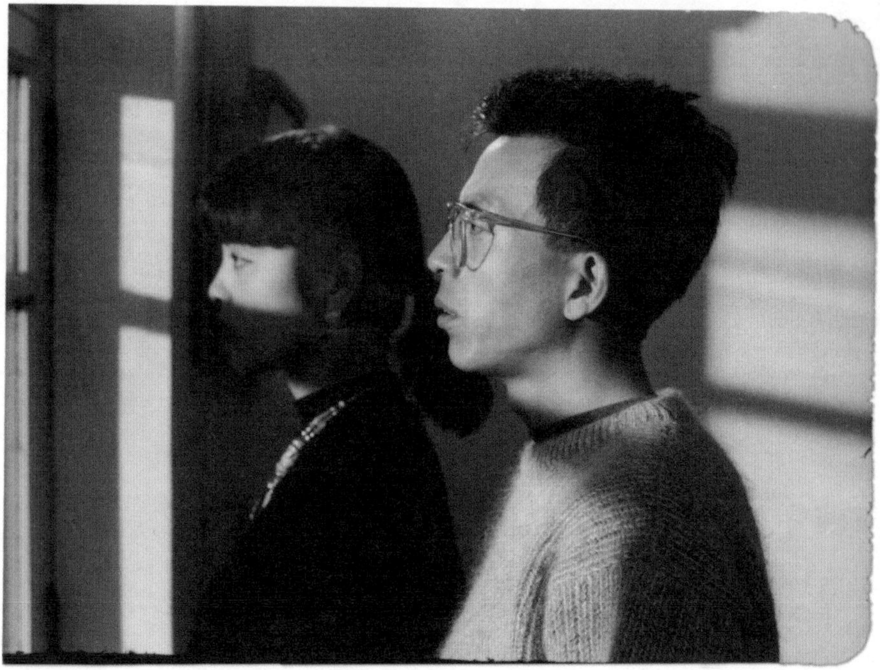

《冬春的日子》剧照

_ 121

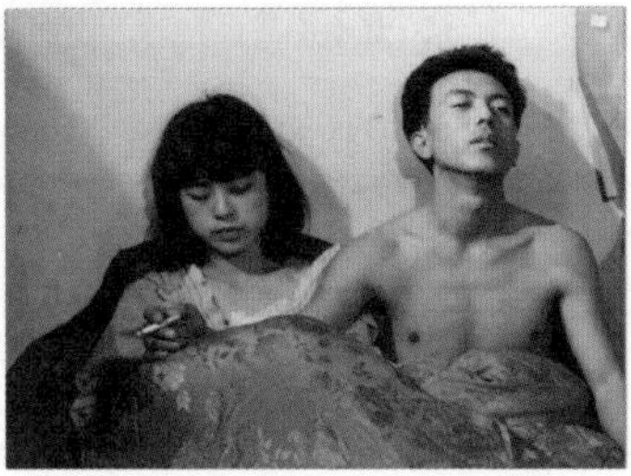

_ 王小帅 _ 薄薄的故乡 _ 122

随后，“地下电影”和“独立电影”的称呼开始出现。

1993 年不算久远，1993 年已经很遥远。从《冬春的日子》无任何厂标第一次于 1993 年在温哥华电影节首映，到 2003 年中国电影自上而下的市场化行政指令，整整十年。而这十年正是传统体制下的电影和边缘性独立电影运动相互对立又共同组成的十年。其中体制内的电影，一边羞涩地吸纳着外界资金，一边固执地不放开“计划经济”的指标制，致使许多独立兴起的民营公司，即使自有资金也无法独立拍片，挂靠国营电影制片厂厂标是唯一可循之路，而许多电影制片厂靠出卖指标完成着一部部“规定动作”。同时，早期独立电影却顽强地，可以说“违规”地坚持着没有挂靠的制作方式，虽然在国内无法上映，但一步步地在海外拓展。这是一条暗流，是后来中国电影市场化之前的先行者。

除了电影应该走市场经济还是保留计划经济模式的博弈在这十年里迂迂回回之外，版权归属也不停地成为矛盾的焦点。到底出资者和挂靠单位哪个才是产品的版权拥有者？旧有体制下电影厂归国有，电影生产由国家计划投资，版权可以说当然国有；但是这十年的后半段，社会资金越来越多地成为投资主

_ 城域边缘 _ 123

体，国有电影厂渐渐只是厂标的拥有者，甚至很多已经仅仅靠出卖厂标为生，那么，这样生产出来的一部电影，其版权还是国家的吗？

时光荏苒，站在 2014 年回看当年，从那个惶惶然回到北京的青年决定拍出自己的第一部电影开始，两个十年已经过去了。中国电影市场也从最初的九亿票房跃升到两百多亿，这个青年也已经不再是青年，但是对电影的惶惶然之心却依然如初。记得 2003 年，因为《十七岁的单车》和《二弟》被禁止拍片的我，被通知去参加那个对我和其他的独立或所谓“地下”导演在内意义特别的会议，会议上，除了得到一个我们可以拍片了的信息之外，也得到了一个从此电影要走市场化道路的信息。那次会议被主要点名的有贾樟柯和我。同时参加会议的张元和娄烨正好在此之前已被解禁 ，还有崔子恩、何建军、王超等。会议结束当天，我们并未像人们想象中那般欢欣，相反，新的担忧却悄然来临。因为独立影像的表达根本上无关乎地上地下、体制内外，它本身是一个自由创作的反映，体制外的自由和体制内争取自由同等重要，市场化只是一个基础，这个基础本身比其他行业就晚来了许多年。市场化当然是早就该有的必然之路，但这究竟会是一个怎样的市场化？而在目前根本管理理念不加改

_ 王小帅 _ 薄薄的故乡 _ 124

变的前提下，独立的思考、个性的表达、自由的创作能否在新的夹缝中得以生存以至发扬，共存于这个“市场”，这才是问题所在。

娄烨、贾樟柯和我，我们仨找了个酒吧坐下，没有人乐观。我决定做《青红》，娄烨决定做《颐和园》。我们知道在新的市场化、商业化之后我们“应该”做什么，但心里的声音却一直告诉自己，真正想做的是什么。

很多人说你疯了，太不识时务了，我承认。同时我也知道，中国电影市场会突飞猛进，工业化制作会越来越成熟，中国电影新的高潮会扑面而来，投身于它的人会越来越多，这一切当是极好的现象，这一切当是中国这个大市场所应得的。但有一条窄路也必要有人去走。这条路不会比头一个十年好走，相反可能会越来越难。但埋下的种子多了，破土的概率还会底吗？

从 1992 年重回北京至今，我作为外来人口，已经在这儿生活了 20 多年。这期间除了拍摄电影，一直没有走出身份问题所带来的困扰，为了方便，2001 年，通过朋友的帮助，我把在福建的户口档案落在了离北京半个小时路程的涿州，隶属保定地区。从那时候开始，我就是一个不折不扣的涿州人了。每年春

_ 城域边缘 _ 125

节，我都会回去，和我落户的人家吃一顿团圆饭。这么多年过去了，他们已经真真地把我当成了涿州人。

“反正你已经这样了，就踏踏实实地做我们涿州人吧。”

听了这话，心生温暖。确实，用现在的话来说，你是哪里人还重要吗？哪里留存过你的记忆，哪里就是你的故乡。

△ 无形中，我又把一个他乡收入我内心的故乡

_ 王小帅 _ 薄薄的故乡 _ 126

从2003年到2015年，我用了十二年时间完成了《青红》《我11》和《闯入者》的创作。因为这三部片子在大的历史背景的选择上都和六十年代中期开始的"三线建设"有关，虽然《闯入者》是立足现在，但是人物的命运依旧摆脱不了过去的影响，所以，从某种程度来说这三部电影可以被看成有着相互关联的。通过写下创作这三部电影时的一些感想，我得以让自己的个人经验融进更多"三线人"共同的命运，使这特殊的"故乡"情结，有了更广泛的普遍性

127

电影中的乡愁

_王小帅 _薄薄的故乡 _128

§

《青红》

《青红》最早叫作“我 19”，因为拍摄的过程极其不顺利，就迷信地怪罪到片名头上，改为“青红”。

《青红》的故事发生在八十年代初，那个时候“文化大革命”已经结束了很多年，工厂已经从国有制改为公司股份制，一个私人企业家收购了我们原来的新添光学仪器厂，改叫公司。当时听见“公司”这个称谓，还是非常讶异，似乎有一点点危险的味道，厂长也不叫厂长了，叫总经理，并且由原来生产军用潜望镜，改成生产民用天文望远镜和普通的望远镜。

_ 电影中的乡愁 _ 129

改制的新鲜劲和观望期过去以后，有些人开始感到不安，因为原来的铁饭碗突然被打破了。当初在国家的号召下积极投身“三线建设”的人们突然有一种被抛弃的感觉，自己拖家带口来到三线，原来还有一个国家背景做依靠，期望能够发挥自己的才华和能力，现在突然感到无依无靠了。而市场经济是什么人们是无法想象的，只是对未来充满了忧虑。有些人重新开始思考自己的命运。其中最普遍的想法就是回乡，既然国家不要我了，那可以，那我至少要回家，从哪里来的回哪里去。

自从开始自己拍电影以后，我心里就一直怀着一个愿望，就是有朝一日要触碰到“三线”这个题材。第一次付诸实施是在 1997 年，那时距离我离开贵阳已经 21 年了。我写了一个剧本，叫《美好的愿望》，写的是前后两代人的三线情结。故事比《青红》多了一个后半段，后半段中“青红”自己的女儿长大了，遭遇了青红后来的男人。但在第一次筹备的时候，我决定去掉后半段的故事，把更多的精力放在当年的三线上。

《青红》的故事主要有两条线索：青红爱情的结局和青红家的“逃亡”。这是用我听来的两个重要故事“组装”而成的。

爱情的线索是在第一次小学同学聚会上听来的，大约是在 1996 年。那时候已经有不少三线人陆续回到上海，但虽然说回

_王小帅 _薄薄的故乡 _130

上海，有不少人户口和档案关系还留在贵阳。还有一些回到了离上海不远的湖州，个别去到了深圳、北京等地。这是三线人回迁的几个主要方向。

聚会上几乎所有的人都沉浸在回忆里。那次聚会上的许多细节我已经全然忘记了，但是听来的那件事情一直留在心里。大概是 1983 年“严打”期间，某个已经上技校的同学同时和两个男同学谈恋爱。当时谈恋爱都只是停留在散散步、拉拉手的阶段。但渐渐地，她开始倾向于后来的男同学，第一个感觉情况不妙，就强行和她发生了关系。惊恐万分的她把事情告诉了家长，于是那个男同学以强奸罪名被定罪，判刑 15 年。据说这还是因为厂里出面保护，要不然按照当时的情形，死刑是必然的。其实这样的情况，在当时很是普遍，别说强奸，就算集体开个黑灯舞会，也会被定为流氓罪。[redacted]之所以对我有震动，可能是我没想到这样的事居然发生在我们那个天堂般的小小工厂里，以及这些纯洁的同学身上吧。

由于十三岁就离开了，我对于那时留下的都是孩童时期美好的回忆，但对于一直留在同学们……们后来……的成长……始终……

类似的故事在后来的一次同学聚会上又听到过一个，不过结局是让人欣慰的。讲述者是比我们年长五六岁的同学，他们因此也比我们有更多故事。说的也是一个厂里单身女青工和一

_ 电影中的乡愁 _ 131

个单身男青工谈恋爱，有一天宿舍里没有人，两个人发生了关系，女青工百般纠结，自己定义不清这次行为的性质，最后告诉了自己的师傅，说那男的强奸了她。她师傅听完她的哭诉，没有马上向上级汇报，而是一直劝导她，直至她的心情平复下来。讲述者说后来他们知道这个事情以后，都认为那个师傅很了不起，至少救了一条人命。

另外一条“逃亡”的线索，是听父母讲的。参与“逃亡”的五户人家有两户和我们家很熟，一家是我从小学到初中的班主任老师家，另一家是我们当时的邻居，男人姓卞。他们家有两个女儿，老大是我同班同学，小的时候妹妹一直跟着她玩。她们的父亲和我父亲关系极好，一起参与了父亲在厂里排的话剧《一代英豪》的编剧工作，并且是这部戏的发起人之一。她们的母亲在厂医务室工作，我印象中她很白、很干净，每次打针都感觉什么都没有发生就结束了。但有一次很痛，她轻声说：“嗯，光用青霉素是会痛的。”

她们的父亲很活跃，什么都会，那时候说是“能工巧匠”。除了工厂里的技术活，还打得一手好家具，做完家具以后还亲自油上最亮的油漆。他还爱好写作、文艺，还是厂里少有能和市里文化局跑上关系的人。但是按照他的话说，自己一身“武艺”

_王小帅 _薄薄的故乡 _132

到了贵阳却一点都得不到发挥，还因为自己的活跃常常被领导穿小鞋。

大约在80年代初，已经有人独自闯荡深圳，反馈回来的消息是惊人的，说那边的月工资最高已经能够到几千元，而厂里工人的工资也就百十来元。这巨大的落差深深地刺激着人们的神经。到了1984年，国家的某个报纸上登出了一篇关于“鼓励科技人才自由流动”的文章，她们的父亲敏锐地抓住了这一信息。

“什么是科技人员？我们不就是科技人员吗？”

“半辈子都是别人安排自己，现在要自己为自己做一回主了。”

在我后来对这位父亲的采访中，他这样说道。

新添光学仪器厂属于军事工业中的高精尖企业，当时内迁去的都是厂里的科技人员和技术能手。改革开放以后许多民营企业中这样的人才是非常稀缺的。她们一家人就和另外同样有此勇气的四家人开始了长时间的密谋，也私自到上海周边的许多地方企业谋取聘任。幸运的是他们走到哪里哪里都欢迎他们，但横在他们面前的最大的障碍是户口和档案的问题，并且需要对方解决的不只是一个人的户口、档案，而是全家人的。

_ 电影中的乡愁 _ 133

就算对方有意去解决，但厂里不放人还是没有办法的。终于有一家企业答应在三年后解决他们的户口问题，而且那家企业地处未开发的浦东，只能解决浦东的乡镇户口。他们为此犹豫了很长时间。直到到了 1985 年，已经无法再忍受的他们决定放弃对户口和档案的忧虑，举家偷偷地“逃亡”了，时年我的同学已经 19 岁，那年我正好考上北京电影学院。

当时国人的平均生活水平还是很低的，所以人走了，多年积攒的生活用品却一件都不能落下。他们拉上窗帘，用了整整三天三夜各自偷偷地对家什进行捆绑、包装，包得非常仔细认真，用他们的话说当所有物品运到浦东，然后一一开封的时候，竟然发现一件都未有损坏，哪怕是一面镜子、一个玻璃杯。

在此期间，我的同学和她的妹妹也必须严守秘密。她们白天照常去技校上课，在同学和老师面前装成和平时一样正常。她的妹妹说直到最后一个晚上，知道明天就要走了，而家里也已经没有地方可以睡觉，她到一个跟自己最要好的同学家里去过夜。那一晚，她流泪了，同学问她为什么哭，她说明天你就会知道了。

第二天凌晨，当所有人还在梦乡中的时候，他们在市里请人安排的军用卡车和吉普车来了，把这几家人家悄悄地送出了

_王小帅 _薄薄的故乡 _134

※ 之所以借用厂外的车，一是怕走漏风声被单位追回来，二是怕连累了厂里的同事，因为如果厂里的同事知情不报，后果也是不可想像的。

他们生活了19年的工厂。虽然当时企业已经改制，但他们的人事关系还是属于机械工业部，以前生产的又是军事产品，这样的举动如果放在1976年以前，那他们几家人的命运不堪设想。父亲说到他们的举动，用了“壮举”两个字，而在我看来这不仅是壮举，更是一份人性的觉醒。

很多年以后再次问起，她们的父亲说这就是一份生命的赌博，全押上去了。

“我人来了，不但我人来了，我全家都来了，国家要怎么处置我们，随便吧。” 说到这个时候，老人停住了，眼眶里渐渐盈满了泪水

我的同学说，她父亲一生做的最伟大的一件“作品”，就是带着她们全家坐上了回上海的火车。那一年她父亲49岁。在火车上，她们一家四口相对而坐，全程无话，只有眼泪在不停地流。但我的同学说，她的心情却是无比激动和快乐的，因为她们终于离开了那个本来就不属于她们的地方，踏上了回乡的路。

结果并不像她们想象的一般美丽，面对着还是一片农田的浦东，她们疑惑了。这哪里是上海，这不还是乡下吗？

最终，这五户人家在一排农田边上的平房安置了下来。她们要走很远才能到江边，远远地眺望浦西——真正的上海。从

_ 电影中的乡愁 _ 135

1985年到1995年，整整十年，她们一直未能解决户口问题，一直等到浦东划归上海，她们才拥有了上海户口。那一年我的同学30岁，也是那一年，她才开始真正进入上海去寻找一份工作。

《青红》的拍摄，无法真正还原他们的经历，只能是萃取他们这一举动的精华，那就是他们的故乡梦——“上海梦”。

1997年的那一次看景已经让我心生焦急了，因为那时老生活区周边已经盖起了不少新楼房，过去只有一个国营小卖部的新添寨已经成了经济开发的重点区域，旧时的景象正在迅速地消失。

时间到了2003年，电影局召开了一次会议，主要内容有两个。一个是发布一个信息，中国电影要走市场化的道路，以后民营公司可以自主出品电影了。第二个信息，或者也可以说是一个决定，就是撤销多年来对我们的禁令，号召我们去迎接市场的洗礼。我对这些行政命令不感兴趣，唯一的变化是：我可以拍电影了，虽然那些年我本身就没有停止过拍电影。我立即上报了《青红》的剧本。立项以后我即着手正式筹备，但是就在一切已经基本就绪的时候，前期答应投资的人却消失了，拍摄的钱完全没有了着落。而这次，我知道不能再次中途而废

_王小帅 _薄薄的故乡 _136

了，我向一个朋友求救，他慷慨地答应了，虽然我知道这笔钱无法坚持到最后，但不计后果的我带着人马就出发了。

距1997年取景已经6年，原来的生活区已经没有办法满足拍摄了。虽然那些1965年建起的老楼依然没有变，但已经被周围新开发的楼盘团团包围了。

我们只能辗转来到贵阳市小河区的矿山机械厂，那里的生活区规模较大，保留得也相对完好。跟厂宣传部联系好之后便开始搭景。主场景是青红家，我们按照过去的样子在家门口搭出一个厨房，一个洗脸池，其他的内景也开始依次改造。

影像上我和摄影邬迪、美术张武确定的风格是极端写实但不刻意，要做到让观众看不出来这些是我们的改造过的场景，所有的细节必须藏在后面，不经意间把时代气氛摆在那里，就如同我们拍的不是过去，拍的就是现在，让时代气息和真实感扑面而来。

服装搜集得不理想，我们决定全部采用自制服装，式样和面料都做到无限接近80年代。

道具组直接到原来厂里的人家去征集。那些陪伴家家户户几十年的上海老式家具被陈列在我们改造的场景里。

但是即使这样，也不能百分之百地完全复原过去，这是电

_ 电影中的乡愁 _ 137

影的遗憾之处。那些童年记忆里的山、水、花，鸟，包括空气里泥土的香味已经消失殆尽了。

贵阳有个很有名的说法 ：“天无三日晴，地无三尺平。”所以我希望每一个画面都要拍出湿气。

印象里小时候夏天的中午有时会出一点太阳，我们就会利用这一点点出太阳的时间尽情玩耍，下河摸鱼、游泳。然后一到下午云层就会合拢过来，天就变凉了，短裤、汗衫就穿不住了。有一阵，长期阴雨潮湿的天气使我得了风湿性关节炎，膝盖肿得很大，走不了路。还有一天我在家里扫地，扫到门口，我停下来和院子里的妈妈和妹妹说话，说着说着却一头歪倒在地上。妈妈惊恐地抱着我，妹妹跑出去喊人。赶来的医生发现我已经瞳孔放大。那一刻我以为我就要死了，茫然地躺在床上，看着围在身边一大堆母亲的同事，不知道该不该说几句临终遗言。我清晰地记得我从人群的上方看见母亲躲在人群后面捂着脸哭泣。

我被送到医院，结论是急性风湿性心脏病，在医院里住了一个多月。那是我在医院住得最长的一次。

可是现在的贵阳已经不似那般了。我们开拍的头 15 天竟然

_王小帅 _薄薄的故乡 _138

天天万里无云、碧空如洗，我希望的阴雨气氛丝毫不见踪影。我们只能改变方案，将日景去掉，先拍一些能拍的夜景。即使夜景，我也要求每一个外景都将画面里能见到的部分都洒上水，这个工作，使我们组里的场工们颇为辛苦。我们没有钱雇洒水车，只能一桶一桶地浇，有时候给邻居一点水钱，然后拉出一根水管来浇。

拍了半个月的散戏，实在没得可拍了，而那时候女主角还没定下来，内景也无法拍摄。原来已定下的青红是王珞丹，可是她上一部戏始终下不来，导演又不放人。我等不了了。高圆圆是来救场的，她看了本子很纠结，喜欢，但为了照顾母亲她已经答应近期不拍戏了，我说事情比较严重。

最终她来了。我们只用了一天时间做了圆圆的造型，她一边看着本子一边就开拍了青红家内景的戏.

我注意到，在《青红》拍完之前，国内大部分人不知道还有“三线”这件事。除了~~主动去百度搜索关键词，~~在以往的各类媒体上，以及文学、影像等艺术形式中，这一概念都不曾被提到过。我们已知的新中国历史中，出现频率较高的是“土地改革”，“三反”“五反”，“开发北大荒”，“新疆建设兵团”，“大跃进”，“大炼钢铁”，“三年大饥荒”，“文化大革命”里的武斗、红卫兵大

人民公

_ 电影中的乡愁 _ 139

串联、知识青年上山下乡等政治运动，唯独没有关于三线建设的只言片语。我想可能是这一决定带有很强的军事意图而被有意地遮蔽了起来，还有可能是同期爆发的“文化大革命”，掩盖了本就是秘密执行的这一重大行动。

如今半个世纪过去了，直接或间接参与三线建设的那一代已经老去或者死去，他们的第二代、第三代，甚至第四代，依然还带着这一烙印生活着。对于很多人来说，原来的故乡早已经成为遥远而陌生的概念，而半个世纪前他们义无反顾地奔赴的异乡，却已经实实在在地成了三线人新的故乡。

《青红》里小珍和青红有一段对白，小珍说：“我们为什么不可以有更好的生活呢？也许那生活就在很远的地方。”

我不知道如今已经年近半百的小珍现在身在何处，也许还在电影发生的地方，在某一个夜晚进入梦乡之后，她还能回到她那遥远、依稀的故乡，亦或是她早已成功地回到了自己的出生地，又在某一个夜晚，怀念着她“三线的故乡”，就像我们前面说到的那五家勇敢的人们

_ 王小帅 _ 薄薄的故乡 _ 140

右下角的剧照表现的是青红的父亲一边喝中药（父
痛的无病）、泡脚，一边偷偷地收听美国之音。虽
过删减，但这章的是主要情境还是保留了下

_ 141

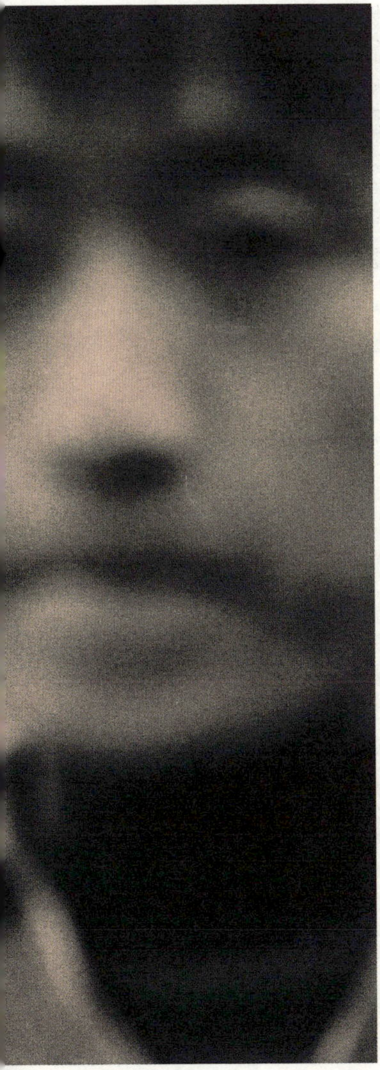

141

《青红》剧照

_王小帅 _薄薄的故乡 _142

~~为了创照一些湿润的气氛，在拍摄之前都要用~~

为了创造湿润的气氛，在拍摄之前都要用水将地面和画面中带出的地方浇上水。工作人员辛苦地一趟一趟将水运送到山上。这是青红和小珍悄悄地躲在一边试穿高跟鞋的戏。

143

_ 王小帅 _ 薄薄的故乡 _ 144

《我11》

2010年，我计划拍《我11》。

这时取景的难度更大了，当年拍《青红》的矿山机械厂虽然变化不大，但《我11》的要求是回到70年代。过于密集的矿山机械厂家属区已经不能满足我的要求了，只能另觅他处。

我们前期筹备人员再一次踏上西南一带的三线建设基地，贵州、四川、云南跑了个遍。最终选择了重庆市的万盛区丛林镇晋林机械厂，那儿与贵州省只一山之隔。

厂区有整片依山而建的房子，但几乎全部废弃了，只剩下楼体的框架，连窗框和玻璃也早已被人拆去，只剩下一个个黑洞洞的窗口。好在整体规模比较恰当，周边都是山，没有开发商业地产。

其实我和美术师吕东对于几个备选的外景地犹豫了很久，其他几个地点有的虽然还有人气，废弃得不厉害，但规模不够，有的有规模，但变化太大，还有的窝在极深的山沟里，完全成了死城，交通和住宿完全没有办法解决。定景万盛面临的最大问题是，我们必须投入大量资金彻底重修几栋主要的楼房，使厂区恢复一些往日的生气。我问吕东有没有信心，他说他没问

_ 电影中的乡愁 _ 145

题，主要看你。这对我来说又是一次巨大的考验，因为在当时已是全然的市场论成败的环境下，《我 11》的资金来源依然是很有限的，最主要的部分需要我自己投入。我没有犹豫，决定就在万盛开工。

美术组用了两个月时间改造恢复了几个要进行拍摄的楼，把主街道两边全然改造一番，镜头带得到的地方全部安上窗户、玻璃、窗帘。街道一头坡顶的石碑上画了一幅巨大的毛主席像，另一头小区入口处修建了一个大门。从远处的高压电线处拉来电线，给一些楼重新通上电，并且重新接上水管。给搭建的厨房里的水龙头通上水。主人公王憨家进行了整体恢复，原先面目全非、杂草丛生的院子也平整一新。

这一切做完之后，居然吸引了十里八乡的人前来参观，很多已经迁出去的厂里的老职工拖家带口地赶过来，说看到这一切仿佛穿越了时空一般。我知道，即便这样也不能尽善尽美，但我们尽力了。

对于"文革"，60 年代中期出生的人可以说是很尴尬的，恰逢运动开始的时候出生，十年间正好走过从童年到少年的懵懂期，发生的一切都似有还无。

_王小帅 _薄薄的故乡 _146

一个少年心中留下的对那离奇十年的感觉是模糊的，但即便是模糊的，毕竟还是身在其中。我想这部片子不能用宏观的视角去审视历史，而只能以一个懵懂少年的个体经验为基础，对历史做一点补充而已。

基于这一点，我和摄影师董劲松决定，我们的拍摄机绝不逾越这道“懵懂之门”。让摄影机回到一个少年的视角，知多少看多少，记得多少，表现多少，不去做成人的、理性的判断。对于“文革”，对于“三线”，我们只提供一个少年朦胧的感受。技术上，我们决定大部分时候都让摄影机保持在一米四左右的高度。

我希望四个小演员能说一口上海话。但是我们的导演组在上海走遍了各个演艺兴趣班，竟然发现，现在上海的孩子们都已经不会说上海话了。根源在于多年以前上海市教委要求所有的学校，一律不许教授孩子们说上海话，要统一学习普通话。这让我非常震惊，一个不可替代、具有典型中国南方意境的方言，为何要在下一代的身上完全铲除呢？

我们带着遗憾回来了。但是好在，三线建设的参与者来自五湖四海，各种语言互相交杂。就算是我们工厂的人主要来自上海，但其中依然夹杂着不少北方人。我以前的四个小玩伴真

_ 电影中的乡愁 _ 147

正属于上海的只有一个半。我因为父亲在上海生活了十几年,算半个，另一个来自北京昌平区，还有一个我不记得了。我父亲虽然在上海这么多年，但他始终只是听得懂上海话，不会说。所以长久以来，在家里我和父亲的对话都只用普通话进行。我们小朋友之间也是上海话、普通话交互使用。

《我11》里面糅进了一些无法分清前后时间的朦胧记忆，全当是一种不负责任的态度吧。就像雨点落入池塘，溅起水花一片，却也分不清哪一滴是先哪一滴是后了。

这其中有一个不可原谅的错误，就是王憨左臂上戴的二道杠。我曾经是三道杠，也就是少先大队委的职称拥有者，可能我拥有三道杠的时间不短，以至于忽略了它出现的时间，而由于我及我的儿时伙伴是如此清晰地记得这个细节，以至于整个摄制组没有人意识到这个错误。红杠袖章应该是“文革”结束以后，恢复了少先队组织之后才出现的。幸运的是这个道具式的东西在影片中没有被重点强调。但即便如此，我也要向关心此片的观众道歉。

河边遭遇逃犯和工厂里的那场大火，究竟是哪个在前也不可考证了。大人们说被烧毁的那个车间是人为纵火造成的，我们去看的时候已经是一片黑乎乎的废墟了。河边的尸体出现在

_王小帅　　_薄薄的故乡　　_148

原来的澡堂子早已废弃了，我们只能在外景地附近的一个煤矿找了一个澡堂，但只能作为内景来用了

工厂后门洗澡堂的后面。洗澡堂所用过的脏水从澡堂直接排到后面的河里，尸体当时没穿衣服，被泡得发白，我们几个孩子挤在澡堂后的屋檐下向下面望过去。

谢觉红的角色则模糊了具象和抽象的关系。“抽象”的是那个时期作为一个少年对于女性的幻想。进入初中的时候，同年级的一些女生开始发育。春天和秋天衣服穿得薄一点的时候,女生的胸前就会出现两个鼓包。上体育课跑步的时候，女生知道迎面的风会把那两个鼓包挤压得更明显，所以会一边跑一边脸红，这让我们这些少不更事的小屁男孩看了不知所措。

还有一个印象来自我们地理课新来的一个女老师，她那时应该只有 18 或 19 岁。她穿着薄薄的衬衫，喜欢拿着课本边走边念，在我们课桌中间来回走动。阳光从窗外进来，照射在她的侧面，勾勒出她丰满的胸部，她走过的一瞬间，胸罩的松紧带在衣服下面若隐若现，衬衫和乳房之间形成的一小块空间里充满了阳光。这一切都让少年们面红耳赤，呼吸凌乱。

谢觉红的“具象”来自于我们同一年级的一个女生。

她发育得较早，即使穿着春秋天的外套也能隐约勾勒出微微突起的胸部。齐耳的短发，沉默、内敛，总是穿一件灰蓝色女式列宁装，每次她经过身边，空气中都会飘散出一股好闻的

_ 电影中的乡愁 _ 149

樟脑丸的味道。这个味道主要是因为母亲们把衣服洗完之后放进衣橱里，为防止潮湿，或是防止虫咬而特意放几颗樟脑丸进去而形成的。记忆中的这个味道在我看来，和河边青草的味道、雨后大地上泛起来的泥土的味道，甚至牛棚里牛粪与干草混合的味道一样，都是春天里散发出的最美的味道。

我们拍摄的时候，狂妄地说要拍出空气里的这种味道，当然做不到，因为现在的空气里已经少有这种味道了。

领操的情节是不是和我弄湿了妈妈新买的衬衫有必然的联系我没有十分的把握。只记得那年很特殊，还没到过年，我就有了一件额外的新衬衣，这在当时只有大年初一才敢期待的事情，居然发生在一个平常的日子里。

原来为大家领操的是我们的体育老师，突然有一天他把我叫过去，跟其他老师说这个孩子动作标准，让我做一遍给老师们看。我承认体育老师的许多动作是不标准的，至少第二节的冲拳运动，他冲出去的拳头不平，是指向上空 45° 的。我在老师们的面前做了几节之后，就被定为学校新的领操了。

我从第一次站在小学部操场前面的台子上开始领操，领到升入初中，直到初二离开贵阳。这个时间应该是不短的。

_王小帅 _薄薄的故乡 _150

而那件额外的白衬衫，或许就是因为领操而额外得到的奖励。刚刚穿上它没多久，我就和小朋友到河边去玩，我弯下腰用头抵着水面，结果就一头晕倒在水里。虽然被马上拉上岸，我浑身已经湿透了，包括那件崭新的白衬衫。我不敢马上回家，就把衣服脱下来晾在草地上，小朋友们陪了我一会儿就各自散去了。我一个人留在河边，焦急地看着无精打采的太阳，它大部分时间躲在云层后面。这件事情好像没有了后文。因为如果有的话，按照母亲平时的脾气，知道了以后就算是不打，也会暴跳如雷的，但记忆中这一幕没有发生。

在《我 11》的制作中，有一点很明确，就是既要保持一个孩子的视角，又要尽可能地在不破坏这一视角的基础上延伸出一些东西出来，包括用儿童的触觉去感受成人的世界，甚至成人世界的社会、政治环境。这也是我前面所说的，作为一种补充；哪怕这种补充是不成熟、非理性的。

所以我认为《我 11》不完全来自我自身，有人猜测这是一种自传体，我不以为然。尽管不可避免地撷取了一些元素，但只是为构成整个故事提供一个视角和铺垫而已。

至于如何从孩子的角度脱离开来，进入更深的领域，我就

_ 电影中的乡愁 _ 151

需要剧情的帮助。电影里觉红的哥哥就是这一需要的一条延长线。哥哥这个角色，是我把我们在河边遭遇的那个逃犯做了必要的加工。其基础是当时听来的一些恐怖的事情，那个时候家长叫小孩们入夜了不要出去玩耍，因为厂区周围出现了流氓，很多下夜班的女性，每每在经过厂区到生活区的路上遭遇流氓的袭击，最严重的一次是一个年轻女工的屁股上挨了一刀。当时这个事情闹得人心惶惶，也没有人能够破案。这个女工的哥哥就每天蹲守在路口，扬言要是抓住这个流氓就亲手割了他的生殖器。

虽然这件事后来也不了了之了，但这个事情在我们小孩心里形成的阴影却一直没有散去。有一段时间到了晚上我们就被家长关在家里，不许出去玩。

我决定把它移植到我的故事里。在电影里让他那么做了，他割掉了那人的生殖器，甚至把这个事情再严重化很多，直至影响到许多人的命运。其实在那样的一个大时代里，众所周知，比这骇人听闻得多的事情随时都在发生，《我 11》里所表现的，更像是时代的大风浪里的一朵小小的浪花，它不代表全部，甚至，跟那个时代的残酷性相比，它显得无足轻重。但它却是存在的。

_王小帅 _薄薄的故乡 _152

闫妮是第一个进入我视野中的“母亲”的扮演者。我希望母亲的扮演者是壮实的，留着那时候千篇一律的短发，就像很多画报封面里的女性。闫妮接到本子以后有一些犹豫，觉得戏份不够重。除非她能用上海话来演绎，我知道这个可能性不大，但为了尊重演员的愿望，我请人将剧本里母亲的台词全部用上海方言录了出来。两个星期以后她投降了，我说这不怪她，上海方言不像其他语言，像陕西、四川等地的方言，你注意一下音调就可以八九不离十了，但上海话完全是另一种语言系统，不是从小作为母语来运用，以后是很难学会的。好在最后她还是答应出演了，主要是我劝说她放弃对一般角色对激烈戏份的追求，把自己放在最普通的生活里就可以了。当然她最后的决定也是基于我们互相的信任。

王景春是通过美术师的介绍认识的，景春的脸我是有些印象的，可惜一直对不上名字。一开始我有些犹豫，认为他身上反倒有一些喜剧的因素。我们决定先造型，几天以后景春蓄上胡子，服装备好了衣服，结果质感就出来了。特别是他的两道八字眉，像极了我的父亲。我决定不让他戴眼镜，这样可以脱离一些知识分子常见的造型，让气质从他自身身上出来。最终这两个演员的组合令我非常满意。

_ 电影中的乡愁 _ 153

电影的结尾一直困扰着我。多年以前写就的剧本中，几个孩子最终没有赶到刑场，而枪声却已经传了过来，枪声的突然响起打断了孩子们奔跑的脚步，然后镜头一个一个切上他们气喘吁吁的脸，王憨的脸出现在最后。决定放弃这个方案，是因为在《青红》的结尾，枪声已经响起过，我需要再找一个方案。其中一个方案是让几个孩子终于跑不动了，他们开始学从电影里看来的场景——英雄总是打不死，一个孩子扮演英雄，几个孩子“啪啪”地朝他开枪，那个孩子东倒西歪就是不死，他们笑着。这个方案虽然不错，但我对几个孩子能否演绎好这场戏却完全没有信心。

我试着让自己回到过去，那个时候经常有行刑的车队从我们小学后面的新添寨路过，高音喇叭发出耸人的刺耳高音，我们会放下一切跑过去，钻进围观的人群里，然后随着车队跑，一直跑出寨子。车队会越开越快，大一些的孩子一直跟着，小一点的就会渐渐地被落下，我属于后一种。一旦被落下来，前面的车队和人群越走越远，后面的寨子已经在我们身后，我们处在两者之间，孤零零的，恐惧感这时会突然迎面袭来，我能清晰地感受到自己的恐惧，也能感受到其他小朋友同样的心情。为了掩盖这种恐惧，我们会用一种无所谓的语调说跑过去也看

_ 王小帅 _ 薄薄的故乡 _ 154

不到了，不如回家吧。我们一致认为这个理由很充分，就回家了。

再仔细加以回忆，还有一种可能的解释，就是我们害怕真正到了刑场之后怎么办：枪响的时候要捂住耳朵吗？眼睛敢睁开吗？敢看到子弹打进人的身体吗？所以每次在人群里的时候总是表现得很踊跃，一旦脱离了人群，奔跑的脚步就不自觉地放慢了下来，最后做一个筋疲力尽的动作停下来，然后理直气壮地转身回家，

“我努力了，我不害怕，但是我跑不动了，不怪我。”（心里这么想着

方案有了，我决定让几个小伙伴继续跑，而王憨停下脚步，并且转身离去，他下意识地脱离了狂欢的人群。当然无须去过度分析他停下和转身的真正心理，但哪怕是因为恐惧而选择不跟随，也算是一个小小的惊喜吧。

这个方案获得了所有人的认可，很多的不言而喻，因王憨的转身离去而放大了。

☆ 这是创作中最快乐的时候，决定了以后我们就去山下的火锅店大吃了一顿

_ 电影中的乡愁 _ 155

《闯入者》

从《青红》到《闯入者》历经十年。

构思《闯入者》的时候，并没有想把它纳入到“三线三部曲”之中。《青红》和《我 11》拍完了之后，心里的一块石头算是落了下来，无论里面充满了多少艰辛和遗憾，但电影毕竟为三线之事留下了些许印记。而最后一部什么时候做已经不重要了，因为三线本身是一个延伸史，作为一段历史，它可能在过去的某个点结束了，但与此有关联的人还在继续着他们被改变后的生活。因此无论外部如何变化，人的命运却是一直在延伸的。

《闯入者》初期的想法，是拍一部展示日常生活中老年人生活状态的影片，取名《奔跑的老邓》。老邓就像现在千千万万个普通的劳动妇女，她们由那个时代走来，进入现代的社会，同时也进入她们人生的暮年。社会的巨大变迁有时让她们无法适应，可是她们没有选择，必须面对，也无法停下来。就像我的母亲，她在这个陌生的城市继续奔波着，一边照顾着自己的老

_ 王小帅　　_ 薄薄的故乡　　_ 156

为了让我画画，父亲表现出超强的耐心。除了给做模特儿外，还陪我画风景，只要我的笔在动，他就会感到满意，再长的时间他也不会觉得无聊。

《我11》剧照

“我11”电影中王憨家门口的场景。小时候在贵州，每逢春节

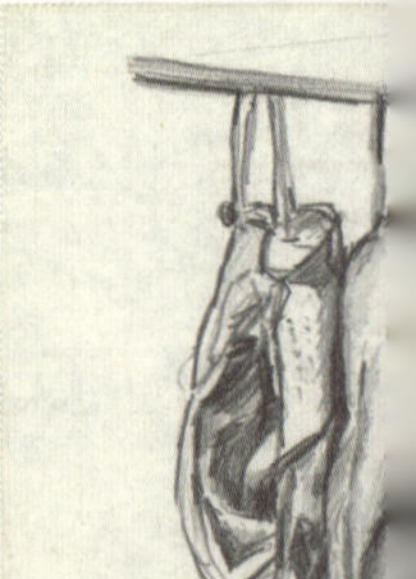

_ 157

会想方设法弄来很多鱼和肉，为了便于保存，

要把鱼和肉抹上盐先腌起来，然后凉在外面直到风干，

这样除了过年的时候有肉吃，剩下的还能吃很长时间。

那时候几乎家家都这么做，每家门前屋后

都会挂着腌好的鱼肉。

肉

_王小帅 _薄薄的故乡 _158

这张照
了，学校去
跟淘汰
右手第一个
—樊文
今全家仍
在贵阳市
作，目前是
"Sas"的
一例感染
得意。他
聚会
为大家

《我们》定装照

15

159

年的秋天，记得那么清楚是因为照完不久我就要离开贵阳
了师照相。四个小伙伴当年号称是结拜兄弟，从电影《大
我们用一碗水当酒，水里放了几滴鸡血，轮流喝了下去。
些后是、樊文力，曾鸣和我。

—— 现在，曾鸣的全家已经移回到深圳南奥（他的父
他们家是广东汕头人），他的工作是负责南奥镇的
各种生产经营场所的安全问题，前几年终于
荣升为科长。"这个工作没意思，油水不多"他说。

，至
他
心工
毛。
师没有
比很
的同学
积极地

卫军的全家已经回到了上海，但是户口和档案关系依然
在贵阳。初到上海的时候，为了生存，他帮人收取
护费和替人要债。"我本事没有，但命有一条"他说。

兄弟，你有什么事摆不平的，随时跟兄弟我说！"
现在，他在一家网吧工作，他要等最后一名客人离开，他好锁门。

_ 王小帅 _ 薄薄的故乡 _ 160

是他《我11》里荒废的街道和生活区大门。除了要怀

重建了大门，这个工程颇为

建了一个巨大的碑，上面写上毛

160

浩

详

引了

来参

了旧

_ 161

_ 王小帅 _ 薄薄的故乡 _ 162

或者哪怕有时他们并不需要她，惯性地使她
觉地闯入他们的生活，这是中国人生活结构里很有特
的一个情境

伴，一边照顾着自己百岁的老母亲，还要惦记着儿子及孙子的事情，似乎哪里都需要她。她比以前更忙了，每天不停地穿越着这个城市，为需要她的亲人做一口饭。

我看着这个到处奔波的老太太，满脑子装着别人的事，无暇顾及自己。有一天我问她：

“你为什么不想想你自己呢？”

“我又没事儿。”

突然之间我意识到了一个问题。“我又没事儿。”对，就是这个问题，什么是“我”？这个对年轻的一代人来说不是问题的问题，恰恰有可能是上一代人最大的问题。

“我”是谁？“自己”是什么？

他们经历了短暂的民国尾声，旋即进入1949年之后的中国，直至八九十年代。他们那半辈子经历的是一个怎样的社会和政治环境？集体主义是否早已潜移默化地改变了他们对生活和自身的认识，“去自我”的人格特点是不是早已不易察觉地变成这一代人的主要特征？当然，尽管如此，在那些特殊的年代，个体意识觉醒的还是大有人在，但即使这样也是被

_ 电影中的乡愁 _ 163

压抑的。

在一片“红宝书”的海洋中，有多少人不得不把“自己”和“我”的那点意识刻意隐藏，然后随着时间的推移再渐渐地模糊，直到消失殆尽呢？

“狠批私字一闪念”，“一闪念”都不可以有的情况下，几十年的人生走过来，还会有念吗？我跟母亲讨论过这个问题，她沉默良久。我想，她不是不愿意回答，而是无从回答，这样的疑问可能早就在她的大脑里变成空白了吧。

她宁愿你放过她，不让她去想这些“没有用”的问题，她好开始洗菜，做饭。

可以想见，大部分的他们一生跟随着集体的思想，在组织的分配下过着“无我”的生活，而为家人的一点点操劳，可以说是他们仅有的一点“私字一闪念”了，这应该也就是他们的底线了。

“我不想这些问题，想了也没用。”

普遍答案。

大有希望的80年代转瞬即逝，人们再一次被另一片红色俘

_王小帅 _薄薄的故乡 _164

获。进入21世纪，他们变得更老了，世界也变得更陌生了。

母亲依旧在“无我”和“忘我”地奔波，在《闯入者》中冯远征劝她不用总是跑来跑去的，自己好好享享清福，但这种善意对老邓还能起作用吗？就算能，老邓又能怎么办呢？一辈子为别人活着，现在突然让她停住，想想自己，可是“自己”是谁呢？

我意识到不能仅仅停留在老邓无意识的奔跑上了，我希望增加一点纵深，把形成那代人人格特征的过去和现在连接起来。这自然就要走回“过去”。当然这不仅是老邓的过去，而是用电影的形态影射一个更普遍的过去。更重要的是，这一“过去”并未真正过去，它作为一个烙印紧紧地跟随每个人的一生。

三线的背景于是顺理成章地进入了整部电影。其实三线只是一个具体的元素，为的是透露那具有普遍性的时代的大背景；但也不妨说这样一来《闯入者》便成为“三线三部曲”的第三部。

《闯入者》中的老邓是那个时代中普普通通的一员，就像前面说的，在“无我”的大时代下，随波逐流地生活着，包括她积极地参加政治运动其实也是随波逐流的一种表现。但就像所有的母亲一样，她潜意识里是有底线的，“家庭”就是老邓“自我”

_ 电影中的乡愁 _ 165

荒芜中仅有的一块自留地了。她为了保护这块自留地，不惜做了违背良心的事，而这也使老邓在大时代中，从一个被害者，成为一个加害者。

最后老邓回到“过去”，去赎罪。我想，这无关乎别人，无关乎更大的道德操守，还是只关乎她自己的底线。当恐惧再次来袭，同样不为自己，而是害怕自己家庭那一亩三分地遭遇破坏而去赎罪，哪怕是出于自私，也算是一种自觉。

请吕中老师来饰演老邓，我认为是不二的选择，无论年龄还是外形，吕中就是老邓。吕中老师初看剧本以后也有过犹豫，首先她担心老邓这个人物身上承载的不是完全正面的信息，同时也担心影片在审查上的命运。其次是我剧本怎么可以这么写，几乎每一场都有她的戏，她连个休息的日子都没有。

“我这辈子没见过这样的剧本。”

在几天以后她终于答应饰演这个角色的时候，我们坐在我办公室的阳光里喝茶，吕老师说我们不去批评这个国家，但是我们当然应该反思，反思过去的错误是为了这个国家更好。那时老太太已经74岁了，和我母亲相差三岁，正好度过了新中国开始到现在的全部历史。她提了个条件，就是晚上尽量不拍夜

_王小帅 _薄薄的故乡 _166

戏，吃饭时多备面食。开拍那天，组里配了个司机去接她，她一个人到的现场，没有助理。

吕中说的“反思”，我更愿意理解为“面对”，面对似乎更坦荡一些，面对也是更难一些，反思可以自我完成，而面对则是你把自己交出去，是更勇敢的举动。电影中老邓如同穿越了时空一般回到“过去”，去面对她内心可能最不愿面对的往昔和人。

最难的是对过去的处理，有人说应该把过去的事情拍出来，这样的对比才能更直接，而我恰恰害怕这样的处理，由大段的闪回和现在接在一起，这样做的结果一会显得沉重，二会显得陈旧。

现在是由过去在时间和空间上叠加而成的，就像吕中老师的脸，它本身是有时间感的，你只需面对这张充满时间沉淀的脸就足够了。所以我决定，整个影片不用一次闪回，让历史和现在同处于一个时空。观众在影片中看到一次一次与闪回相似的空镜头其实不是闪回，它形成了一个小小的圈套，到最后你才发现它们其实同处于“现在”。

甚至对于老邓来说，是她的第六感所预知的“未来”

在为影片看景的时候，我增强了对这一设计的信心。这次

_ 电影中的乡愁 _ 167

的看景我决定直接回到当年《青红》拍摄时所选用的场景，我知道虽然一个十年过去了，它们一定依然还在那里。

果不其然。

很多场景依然像十年前一样伫立在那里。那些60年代中期建造的红砖房，大部分已经人去楼空，如同《我11》时看到的那样，很多窗户已经被拆卸下来，留下一个黑黑的空洞，骷髅般散发着死亡的气息。

这就是我要的“过去”。它们还活生生地伫立在当下，我完全不用再像以前一样大兴土木去恢复它本来的面目，我就要它现在这样，像一艘艘从远久的历史开来的大船，搁浅在现在的时间里，海水或者河流已经干涸，就像时间已经远去，但这艘破败不堪的大船就已经足以证明它曾经沧海。

过去和现在就这样重叠在了一起。

有意思的是，我们一行人来到原来拍摄过《青红》几个场景的（后来影片中被剪掉）矿灯厂宿舍，除了那些房子纹丝未动之外，有些住在那里的人依然还没搬走。他们叫出了我的名字和《青红》的名字。边上小卖部的夫妇俩明显更老了，他们说那时你们来拍电影，我们的生意可好了，因为大家从小卖部买了很多冰棍。这个厂主要是从东北抚顺迁来的，时至今天，他

_王小帅 _薄薄的故乡 _168

们讲话时仍然带着一口浓浓的东北乡音。

《闯入者》在我看来是一部充满了“过去”，却完全是现在的影片，它让我们看到的是过去对现在的一种持续的影响。这也是为什么我要用大量的篇幅来展现老邓当下的日常生活，直到影片的后五分之一才让它直接拐进“过去”,因为无论如何,当下无一不是由过去堆积而成的，当下的某一种生活状态，可能也是由过去的某一个举动而决定了的。

比如老邓一个人独居，每次出门都要小心地拔掉家里电器的电源插头，这也是我母亲经年不变的习惯，这用现在时髦的话说就是“暴露了年龄”，这样的动作在年轻人身上是很少出现的，只有从那个时代走过来的人，从极贫的生活中走过来的人才能有如此“良好”的顽疾。

在手法上，我决定为《闯入者》加一点适当的悬疑成分，但是它又绝对不是为了悬疑而悬疑，它必须紧紧地依附在一个独居老人的心理变化上，看似平静如常的生活被一个神秘电话打断，这个电话像一根刺，缓缓地刺入老邓深藏内心的秘密，随着一些事件的加入，老邓的内心渐渐地被搅乱，甚至心生恍惚。

“不做亏心事，不怕鬼敲门。”而事实是，老邓怕了。

_电影中的乡愁 _169

在这样的事件推进下，我认为小心地加入一些悬疑元素是必要的，但我必须非常小心，不能误导观众进入对类型片的期待。而且我在和摄影师邬迪、美术师娄磐的工作中，强调对悬疑氛围的淡化，让环境和光影都处在正常之中，但通过镜头和调度不留痕迹地在观影者心中留下隐隐的焦虑。分寸的把握是最重要的。在中国电影以大闹大悲来取悦观众的今天，理性和内敛无疑是一条危险之路，但就算如此，自己的创作也不能违背内心的选择。

另一方面是对梦境的处理，影片中有一大段是比较清晰的梦境，这其实是非常危险的，如果入梦和出梦的处理过于明显，那容易让观众在进入这个环节之前就有了心理准备和前设判断，会无形中减少了情节推进的危险意味。我决定出梦的时候是明确的，而入梦的时候是模糊的，只有等出梦的一刹那观众才完成这是一个梦的自我判断。并且我让两个时空无序地穿插在一起，形成“梦中梦”，这让观众更容易把平时生活里遭遇的梦中梦经验与此联系起来，并且造成似是而非的感觉，同时也很好地解决了潜在的男主人公让人捉摸不透的身份，来去如影的一个人，似乎是个人，又似乎是个意念，然后放心地将一切留到结尾去解决。

_王小帅 _薄薄的故乡 _170

这一点我要感谢剪接师杨红雨，她一下就吃透了这个想法，呈现了超乎我预期的效果。

还有一点是红雨的神来之笔。有一场，老邓又在夜里听到了让她心惊的电话铃声，这一场戏是揭露出老邓内心隐秘的戏，同时又是一下子勾出几十年前的恩怨的戏。红雨在这场戏之前突然插入了一个老房子的空镜头，虽然这些空镜头在影片中经常被插入，但是放在此处却起到了意想不到的效果。在这个寂静的空镜头的中段，电话铃声进入了，一声一声响着，然后切入现实时空老邓的家。这样一来，突然给这个普通的电话注入了新的意境，它变成了一个不普通的电话，这个电话似乎来自“过去”，来自这些沉睡在过去的死寂的房子里，来自留在这些房子里的灵魂。它穿越了时空，来到了老邓现在的家里，它一声声地叩问老邓的内心，恰似“过去”对现在的追问。

录音师富康在处理这一段声音的时候，也精确理解了这个意思，电话铃声开始时显得遥远、空洞，似实又虚，强化了空镜头所展现的历史感，这个铃声似乎真的来自于这些房子的某一个窗户里。

在《闯入者》参与了威尼斯、多伦多、釜山等电影节的一

_ 电影中的乡愁 _ 171

系列放映之后，发生了一件有意思的事情。那是一次难得的老三线职工聚会，在我母亲北京的家中，来的都是他们那一辈的人，有从贵阳来的，有从嘉定、广东来的，他们都已年入古稀，各自过着安静的生活。以现在中国城市的发展来说，物质差别已经不是那么悬殊，留在贵阳的人甚至比大城市的人拥有一份更本真的快乐。母亲的这一家朋友就是如此，母亲当年怀上妹妹到妹妹出生之后这段时间，因为父亲不在身边，许多事情就是这一家人施以援手，用父亲的话说是“恩重如山”。我也受到了他们的很多照顾，他们视我如同己出，几次看景和拍戏我也都得到他们大力的支持。晚年之时，他们全家生活幸福，孩子们给他们买了新房，最近一次见面，听说他们 2016 年又要搬入新居，这处的新居带电梯，这样每天回家就不用再爬楼梯了。像这样随着社会变化而在当地安居乐业的三线人不在少数，主要是他们的第二代都已经不再依赖工厂，早早地融入贵阳本地，使他们生存的空间得到拓展。

但是也有许多人的处境还不尽如人意，在看景的过程中，在那些尘封已久的老房子里还散居着不少人家。《闯入者》里面一家人的悲剧命运也是源于此处。当然在电影中，悲剧是被适当放大的。

_ 王小帅 _ 薄薄的故乡 _ 172

聚会那天我母亲在桌上看到了《闯入者》的剧本，当然她还没看过电影，好奇心促使她拿走了我的剧本，后来来自贵阳的老两口也看了剧本，却引发了不快。剧本中在贵阳人家的某一个主要角色上，我下意识的用了他们夫妇中的一个人的名，没有带姓，这是我在为角色取名时的懒惰所致，并无任何所指，全是因为熟悉的名字不多，随便用了一个自己最熟的，隐患就此埋下。

现在我非常理解这一举动的伤害性，并且电影所带来的影响可能会使他们的生活产生不便。虽然电影中的主要故事核是戏剧行为，与现实生活的真实情况失之千里，但电影人物中的悲剧遭遇深深地刺伤了他们。他们年轻时所经历的一切，对他们来说已经过去了，现在幸福的生活才是重要的。我电影中角色的命运和他们的名字重合在一起，这样做不仅伤害了他们，在他们看来甚至是恶意的诅咒。

善良的他们当时没有说什么。几个月以后的 2015 年初，我为了纪录片《三线人家》再次来到贵阳。这次去看望他们的时候，他们才透露出这个心思。叔叔笑哈哈地说你阿姨回来连续一个星期失眠，心里想不明白王小帅为什么要这样对我们家，我们家没有做对不起你的事啊。那一刻对我来说就如五雷轰顶，我

_ 电影中的乡愁 _ 173

无论如何都不会想到，我那轻率之举竟然给这对无比善良的老夫妻带来如此伤害。我惊慌失措。知道再多的解释都无法掩饰我愚蠢的行为带来的后果。

回京后我立即做了修改，演员、录音重新回到录音棚，不惜任何代价都要修补这个愚蠢行为。这个修改是如此积极，远远大于某种审查所强加给你指令后你的反应。我想这也是一种对错误的“面对”，并且这种面对越早越好，至少要早于它将来带来更大的伤害之前。

《三线人家》主要为一个口述式纪录片。动机是有一天我突然意识到我的父母老了，也就是亲历过历史的第一代三线人老了。除了剧情片，我还得做些什么。我决定拍下一些什么，听他们说些什么。我选择了与我们家比较熟的三个人家来采访。有两家依然留在贵阳，一家在八十年代中放弃了户口档案逃离了贵阳回到上海。

_王小帅 _薄薄的故乡 _174

《闯入者》工作照……

_ 175

拍电影的过程实际上充满了不确定性。你之前想的再好，在操作中都需要和团队一点一点摸索、寻找，直到命中那个感觉。所以，无论你已经积累了多少经验，新的创作依旧是一次冒险

175

_王小帅 _薄薄的故乡 _176

树欲静而风不止
《闯入者》剧照

_ 177

睡在地上的是人，也是魔，老邓的心魔。

_王小帅 _薄薄的故乡 _178

_ 179

时间是有刻度的

179

人间大都剧照

_ 王小帅 _ 薄薄的故乡 _ 180

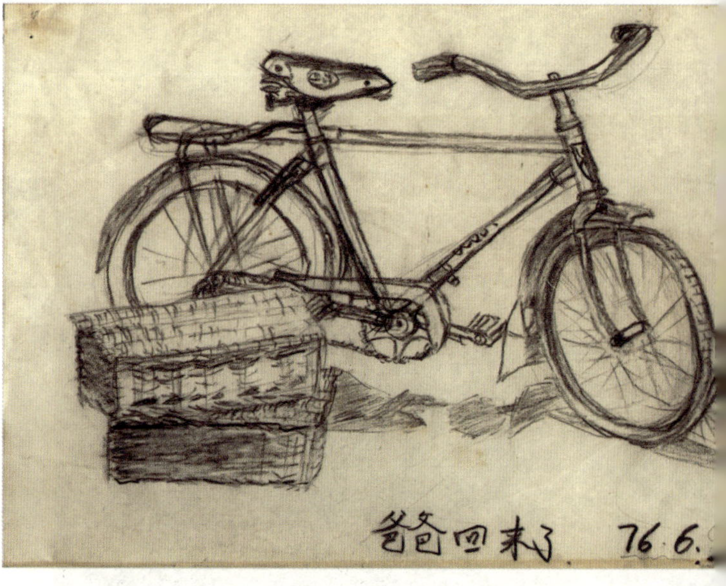

那天我们父子俩坐在面对大山的山坡上，四周安静极了，我不敢正眼看父亲。那一刻我突然产生了强烈的挫败感，就像更早以前我和妹妹站在村口，看着父亲一人面对着那些围攻他的人，孤立，无助，我多想冲上去帮他，但我知道我还没这个能力

181

父亲

_王小帅 _薄薄的故乡 _182

← 上页图 这是父亲从上海带到贵阳的自行車，这该是我们家最值钱的宝贝了。它一直伴随我们，从贵阳到武汉，直至上世纪末。这不是一辆普通的自行車，是纯粹德国原装货。我不喜欢它，因为它和别人家的自行車长得不一样，車把手下面没有手刹，刹车要靠脚蹬子，脚蹬子只能往前蹬，往后一使劲，车就刹住了。这给我学骑车带来了不小的麻烦。家里的每一次搬家，靠的全是它，父亲把大大小小的家具绑在它上面，甚至大到五斗柜这样的家俱，推向下一个家，这成了一道风景。

父亲推着他那辆德式自行车，带着我和妹妹走进厂子后面的一个寨子，记不起是哪年了，妹妹差不多三岁，我应该差不多是八岁。也记不起我们为什么要进入那个寨子。快到寨子口的时候我们停了下来，这是一条山路，不远处就是村口，父亲让我们等在山路上，我们就停下来，父亲把自行车留在原地，让我看着。父亲独自向寨子走过去。那天他穿着一件深灰偏蓝色的中山装，就是几年以后我转学到武汉华中工学院附中读初二的第一天穿上的那件。父亲有一点罗圈腿，身材矮小，还没有像后来那样发福，走远了到山脚下的时候，更显得弱小。狗吠叫着蹿出来的时候，我和妹妹吓了一跳。瞬间就有好几条狗扑

_ 父亲 _ 183

出来围住父亲。他显然也没有预料到这个情况，慌乱中他左突右冲，不停弯腰捡地上的石子，嘴里发出和狗对峙的吼叫。在听到动静冲出来的村民的帮助下，群狗被压住了，父亲回头看看我们，继续走向村子。我清晰地记得这一幕，我远远地看着无助的父亲，恨不得立即冲上去帮助父亲，但知道我太小了，心里太害怕了。那一刻竟然心生愧疚，恨自己无用，而父亲，也给我留下了高大、勇敢，同时又惊慌失措、渺小无助的混杂印象。

现在说起来，这种对父亲的复杂印象很多人在成长过程中都是经历过的吧。

父亲出生在 1935 年，具体生在哪里他竟然每次说的都不一样，说过山东青岛，也说过山东威海，还说过辽宁丹东，这倒是和他一辈子在许多事情上都糊里糊涂的性格相一致的。他也说起过老王家闯关东，闯到辽宁丹东的大王沟，因为这一段迁移史，他把我也算成了是辽宁丹东人，以至于直到现在，我的户籍上的“祖籍”一直写的是辽宁丹东人，从此也建立了我的糊涂史：我明明出生在上海，父亲出生在山东，可我怎么又辗转到辽宁去了？有趣的是，直到今天我都没有去过丹东，前年为了筹备一个后来没拍的戏，去辽宁看景，我们的车在高速路上几次路过丹东出口，我们竟没有一次拐出去，我跟组里人说了我和丹东的关系，即使这样我们还是几次错过。问起闯关东，父亲也没有什么印象。闯关东是山东人往东北闯，那里有

_ 王小帅 _ 薄薄的故乡 _ 184

粮食可种，但那是远在父亲出生之前，父亲是不可能经历过闯关东的。至于怎么后来又离开了丹东，回到山东老家，父亲倒是反复讲过一段往事。他说当时老王家闯完了关东以后发展很好，是当时一个大户人家，我奶奶，也就是我父亲的母亲是个精明能干的小媳妇，个子极其矮小，后来我上了美院附中以后到济南看望她，她也就差不多到我的胸口。父亲说爷爷是个窝囊废，成天稀里糊涂，当时爷爷是邮局的负责人，事发的当天夜里，老王家后面的山上突然火把齐明，枪声大作，一股土匪三面把老王家的宅院围住了，乱成一团的家人中只有我奶奶挺身而出。经过谈判，土匪给了他们一整晚的时间收拾东西，但金银细软必须悉数留下，否则血洗老王家。奶奶回来马上召集了全家老小，收拾家当，留下细软，天不亮带着全家顺着土匪开出的一个口子离开了大王沟。父亲说他印象中全家带用人好几十口，手举着火把，浩浩荡荡，场面震撼。他说，那个小脚老太太，厉害。

但这次的迁移是否就使老王家回到了山东，父亲始终不甚了了。这个故事已经反复听了好几遍，而能够佐证老太太厉害的，是我第一次去济南看望她时她所说的话。父亲说奶奶已经快八十岁了，但头脑清晰，虽然已经几乎下不了床，但坚持天

_父亲 _185

天看新闻，关心国家大事。见到她时，她就一直拉着我的手跟我说："华国锋了不起，粉碎了四人帮啊。"当时惊讶于她竟然知道华国锋，确实厉害。那时应该已经是1976年以后了，可能刚刚过了10月。后来我考上了美院附中，父亲又让我去了一次，目的是让我给奶奶画一张油画肖像，我照办了。后来这幅画一直是我父亲逢人便夸的骄傲，不过在当时，父亲过于以儿子为骄傲，我倒是不以为然的。这应该已经是1985、1986年的事情了。

可以后的老王家怎么又成了安徽合肥人？父亲大体说的是因为战争。战争中邮局的工作是不稳定的，随时要变动地方。他说爷爷后来当上了邮局局长，被调到了合肥，所以全家就到了合肥。因为母亲家也在合肥，也是邮局的，所以两家就认识了。父亲在合肥读了初中和高中，在高中时开始和母亲谈恋爱。父亲有一个哥哥，我叫他大伯，还有一个姐姐，我叫她姑姑，晚年分散在中国各地。大伯家在常州，姑姑和奶奶生活在济南，而我们家从贵州、武汉、北京到处飘荡。

父亲年轻时生性活跃，不知从何处听说了上海戏剧学院招表演学生，他瞒着家里人偷偷只身到了上海，凭着他活泼好动的性格竟然考上了上戏表导系。他说幸亏那一年上戏把表演和导演一起招，要不然只招表演的话，他那个小个子、单眼皮，立

_ 王小帅 _ 薄薄的故乡 _ 186

在舞台上观众都不容易发现，那是万万考不上的。其实后来父亲一直双眼皮，我问他怎么回事儿，他不说，说不知道啊，可能是后来慢慢就变双了吧。母亲悄悄跟我说，那是他去拉的双眼皮。木已成舟，家里也没有办法再反对了。过了两年，母亲考上了哈尔滨工业大学。我想，这之后的四年，他们只能用放假回家的时间继续他们的恋爱约会了。

听后来父亲的同学、老师说，父亲在学校的四年光彩照人、才华横溢，他们排练《钦差大臣》《玩偶》等苏联剧目，父亲虽然不能个个演主角，但即使是配角也最吸引眼球。父亲说他最看得开了，“你想我们班有焦晃、杨在葆，那都是极高极帅的小伙子”，演主角哪有他的份儿，但他就是靠灵、靠戏让老师竖大拇指。这一点，我倒是始终相信的。因为后来不管我看他排戏，还是给演员和学生说戏，的确十分有感染力。父亲的嗓门大而亮，他说他只需要轻轻地一开口就可以让剧场里最后排的观众听得清清楚楚，这一点我更信。因为后来在贵阳，他在家里准备好我要画的静物，然后出门把正在不知何处疯玩的我喊回家，那一张口，尖亮的嗓音就穿越沿山而建的栋栋房子，抵达我们孩子们玩的地方，抵达我的耳朵。那个时候我是极其害怕这一声喊的，心情沮丧极了，因为正是玩得高兴的时候。

_ 父亲 _ 187

很长一段时间我都不知道，其实父亲从上戏毕业后留校任教了整整八年。加上大学的四年，父亲在上海待了十二年，从1955年入学，到1966年离开，这时间可不短。从任何一个角度去看，父亲应该已经完全融入上海的生活里了。如果不发生后面的事情，父亲应该就这样继续生活下去，直到退休、老去。

变化开始于1965、1966年，或者更确切地说，变化从他跟母亲结婚就开始了。父亲毕业于1959年，母亲因为学校的原因，原本应该在1960年毕业的她，延迟到了1963年才毕业，毕业后即被分配到上海光学仪器厂，同年与父亲结婚。按父亲的话说，他开始有了牵挂，有了一份责任。两年以后的1965年，在“文化大革命”正式开始之前，中央政府就有了“开发大三线”的计划，并陆续开始实施。大规模的迁徙从1966年开始，因为母亲怀着我，所以我们没有赶上这一批迁徙者。我出生在5月份，母亲说如果当时人按照现在人的想法，她是完全可以想办法以孩子刚出生为由躲开去三线的，但那时候人老实，相信党，相信社会主义，国家培养了她，她就要去为国家做贡献。当然这不是她一个人的想法，当时的国人都是这样，热情，充满了理想主义的劲头。所以，差不多在我出生4个月后，我们全家就搭上了去贵州的火车。那一年的十一国庆节，我们是在贵阳过的。

_ 王小帅　　_ 薄薄的故乡　　_ 188

☆ 那个时候文化大革命已经爆发，父亲说在火车上，一开始几个车厢还都是上海厂的人，但没过多久，就冲上来很多串联的红卫兵、车厢拥挤、一路辛苦

三线的迁移是这样的，如果某个工厂的抽调人员是已婚的，那么国家会动员配偶一起去，如果配偶恰好是同单位的，那么更不用说。但如果配偶是外单位的，经过动员，配偶同意的，那么一纸调令就会发过去，而对方的单位是不会也无权拒绝的。我父亲就是属于后一种，当时叫“放人”，父亲说当时调令一来，上戏马上“放人”。

家属的同意不同意也分几种情况，一种同意是不得不同意。在当时那样的政治环境下，这是使自己更安全的方式。一种是两人正年轻，刚刚结婚，不愿受两地相思之苦，或者刚刚生了孩子或配偶有孕在身，不得不去。当然很多人是怀着希望和理想投身到这场建设中去的。所以，大三线的建设，参加者都是一整家一整家的人，有的甚至还带上了自己的父母。所有人的户口、档案都一并全部迁往新工厂所在地，从此成为当地人。

父亲说，为了照顾刚出生的我，外婆来到上海，并随我们一起去了贵阳。但是外婆没有待多久，因为我的一个舅舅也生了孩子，外婆转而去照顾她孙子去了。

有一个画面是父亲反复说起的。他说我们这一拨十一前去的人，刚刚到的时候，先期去的人都来迎接，帮着各家搬运行李。他看到，沿着山脚摆放着各家各户运来的家什，床、书桌、

_ 父亲 _ 189

五斗柜、沙发、锅碗瓢盆，密密麻麻，绵延开去，蔚为壮观，父亲说他当时心里“咯噔”一下，心想“完了”，这一切不是梦，不是幻觉，这就是现实了。

我们工厂所在的地方属于贵阳市乌当区的新添寨，四面环山，只有一条小路通往山外。厂名也由原来的上海光学仪器厂改为新添光学仪器厂，主要生产潜艇的潜望镜。

父亲一开始被安排进了厂工会，负责一些文艺宣传类的工作，比如厂里开大会，父亲要把主席台上的桌子摆好，红桌布铺完以后，再摆上麦克风，并且要确保它们能发出声音。偶尔也下车间，做一些简单的工作。父亲的车间是二车间，主要的工作是磨刀。其他车间把机床上用损坏了的钻头、刀具送到二车间，父亲把它们卡进专门磨刀的机床上，把它们重新打磨锋利。这样的情况持续了两年，后来因为父亲的情况太特殊，厂里同意他调离，但前提是不能离开贵阳。父亲托关系进到了贵州省京剧团。

还有一个说法是也下到过油漆车间，但无论是哪个车间，或两个车间都下过，反正磨刀和油漆是最不需要专业技术的了

父亲在省京剧团有了一个宿舍，只有周末回到新添寨。从厂里骑车去市里单程要一个半小时。现在这段路修了高速，从京剧团到厂区开车要半个小时，在不堵车的情况下。照此推

_ 王小帅 _ 薄薄的故乡 _ 190

算，骑车一个半小时已经算快了，而且当年是土路，加上不停地上坡下坡，辛苦程度是可以想象的。

可能因为还太小，虽然跟母亲去过京剧团，但留下的印象并不多。依稀记得为了躲开厂里搞的武斗，母亲带我在父亲那里住了几天。京剧团是那种老房子，父亲的房间很高，窗户是很大的带黑格子的老式窗户。有一天晚上停电，屋里屋外一片漆黑，突然外面传来嘈杂的人声，很快转变成一片呻吟、号哭，我躺在床上一动都不敢动，父亲和母亲趴在窗户边往外看，我害怕极了，似乎那个瞬间父母都离我很远，只有我孤零零地被遗弃在黑暗中。印象中那号叫的声音遥远而空旷。父亲说他们这儿也斗上了。屋外有一个很大的空引水渠，声音就是从引水渠里传来的。

另一个印象是看京剧演出。第一次正式在剧院里看《沙家浜》，父亲和我坐在观众席上。父亲说只要是好人的场面，舞台灯光大亮、发出温暖的色调，我就还行；一到坏人要出来的场面，舞台灯光变暗、发冷，我就开始紧张。舞台上“啪啪”的开枪，我就害怕，父亲要帮我捂住耳朵。但是他说，最让他惊讶的是，我最害怕的是舞台上的大帷幕，帷幕是大红色的，一幕终了，帷幕在激烈的鼓点声中徐徐拉上，我就惊恐地钻到座

_父亲 _191

位底下，直到下一幕开启，灯光重回舞台，我才敢直起身。

等我和母亲回到厂里的家时，小朋友就来招呼我去山后面厂里最早盖的干打垒的房子边上，那上面密密麻麻地布满了弹孔，黑洞洞的，有的比较大，他们说大的那是小钢炮打的。我很惊讶这是什么时候发生的，现在想来，我们去父亲那里躲避的就是这个了。

直到今天，我也不知道父亲在省京剧团有没有正式导演过一出样板戏，但是周末偶尔会有京剧团的同事来家里做客，从他们口中听到叫父亲“导演”“王导”一直觉得非常别扭，那是一个从来都没听说过的职业，而且这个称呼让父亲的身份越发模糊。

看过的唯一一次父亲导演的戏是一出话剧，主要是父亲和我们的一个邻居没事的时候突发奇想，说召集厂里热爱文艺的工友自己排一出戏。内容是关于农村兴修水利，而村里的地主故意要搞破坏，最后被村民揪出来的故事。我们的这个邻居叫卞铁夫，他们一拍即合。父亲说卞铁夫平时异常活跃，车工、木工，甚至舞文弄墨，无所不能。他们说服了厂工会给予支持，直到现在我与卞铁夫聊起这个事情，也觉得不可思议：在那样的年代，专业剧团都不再排戏的时候，他们两个是怎么说

_ 王小帅 _ 薄薄的故乡 _ 192

服厂工会给予支持的？他们还计划一旦演出成功，还要到贵阳市去演，要到北京去演。他们在厂里某个车间的楼上辟出一个排练场，演员和工作人员都是业余上阵，父亲边排练边教他们基础的表演知识。排练大部分在夜里进行。父亲让我没事就去看他们排练，因为到了晚上休息时可以吃到夜宵。我就在天黑以后进去，边看排练边苦苦地等着消夜时间的到来。印象最深的就是有一场高潮戏，演地主的演员要被村民们揪出来，然后跪在地上。那个演员一次次地被揪出来，然后“扑通”一下跪在地上。父亲反复要求他跪的时候要真实，但是地是水泥的，太硬，演员一直喊受不了。反复多次以后他大叫着说自己的裤子跪破了，要剧组赔偿，大家就笑话他。他跳起来发誓说正式演出的时候他保证会真跪的。排练到中间消夜就到了，有小米粥、豆沙包，有时还有馄饨。我饱吃一顿，然后溜之大吉。

演出当天成为厂里有史以来最大的节日。排练厅改成了剧场，装上了灯光、布景。通往剧场的是一个楼外面的铁梯子，上面和下面的入口都有人把守，但这也挡不住想往里挤的人山人海的观众。我和几个同学也拼命往里挤，到了下面的铁梯上，我自报了身份，他们竟让我们进去了。上到楼梯顶上回头看底下拥挤的人群，心里顿生无限的自豪感，原来在这个事情上，父

父亲一贯不希望家里人去看他工作，包括我，但唯有这次除外，我相信让我能吃到夜宵是他要我去的一个动机

_父亲 _193

亲竟然是最大的官，报他的名字竟然会获得如此大的特权，这就是导演的含义吗？

演出很成功，排练的时候几个总是不顺的点那天全部安全度过，那个演地主的演员，一跪下发出“咚”的一声，他完全投入了角色，痛声揭发自己的罪行。听说之后他们真的在贵阳市演出了几场，让省话剧团的专业人士都啧啧称奇。演出最后没有能继续北上北京，听说主要原因有两个，一个是市文化局让父亲根据形势在戏里加进一些反击右倾翻案风，也就是批判邓小平的内容，父亲没能做到。另一个就是在这之后不久，周恩来、朱德相继去世，中国大变。

父亲一生谨小慎微，绝不参与任何一项政治运动，更不参加当时闹得很凶的几派武斗组织，什么“保皇党”“四一一”等他一概躲避。他说这样做虽然当时得不到什么好处，但至少保证家里是平安的。这一点是他一生一直引以为傲的。

“这一点我是最成功的我告诉你。”他反复这样表白。

年轻时对父亲的这一态度一直不以为然。总以为所谓“平安”不过是一种逃避而已，所以内心经常希望哪怕他做出一些出格的事，好让“平安”里多出一些故事。

现在想来好在这样的事情没有发生、也惊讶于父亲出离于当年那普遍疯狂的理性眼光

_王小帅 _薄薄的故乡 _194

他说唯一一次他敢于站出来和组织对抗是因为我母亲。那时候母亲正怀着妹妹，京剧团要全团下到农村搞斗批改，没有任何人可以请假。下去之后父亲担心母亲，母亲的信中说她反应很大，又要上班，有一点吃不消。父亲就在一次全团大会上站起来，陈述了家里的情况，希望能回一次家照顾母亲。他回忆说，那可是不简单，在那个时候，全团几百号人学习政治文件，团长又三令五申不许请假，他是哪里来的勇气站出来的？他说他当时有点像要英勇就义的意思，豁出去了。团长下不来台，说下去商量，父亲说他管都没管，散会就离开了。

等母亲临产，把我和母亲都送去北京生产以后，父亲再回到农村。团长组织了一个批判会，父亲心里想“批吧，老子认了”。但他没有想到的是，没有一个人起来批判他，甚至所有的妇女都起来声援他说，这样的事情导演当然要回去管的。批判会不了了之。这一次的反抗是他以后很长时间里骄傲的谈资。

妹妹出生的时候，父亲是不在的，因为他无法请假那么久。但是他已经尽力为此反抗了

母亲在北京生完妹妹，我们回到贵阳。母亲更没有办法一下子照顾两个孩子了，父亲就来把我接到乡下，我在那里和父亲单独度过了一个秋天和一个冬天，那年我五岁。

那个时候，团里的人都要上山砍柴，然后把砍下的柴做成炭。

_父亲 _195

父亲不放心把我一个人放在家里，就动员我一起上山，说我们一起劳动，你下来的时候也背上一些木柴，我很兴奋地答应了。下山的时候，父亲背上一个大捆的柴火，也绑上几棵小树枝让我背着，我认为自己责任重大，异常兴奋。

父亲容易迷路，在以后的几十年里他有无数次迷路的经历。一次在常州他哥哥家，出门的时候挨个记住了门牌和小巷子的名称，等回来的时候就在小巷里迷路了，一直在附近转，直到晚上九点多。大伯知道他又迷路了，只好报了警，最后在离家门口十几米的地方找到了他，那时候他已经六十出头了。

我们上山的时候他就一路提醒我这是到哪里了，这条路回来应该怎么认，我想那时候他这么做似乎也是在暗示自己不要迷路。因为带着我，我们很快就被大部队甩开了，茫茫大山之中就剩下我们两个人。我们到了林中的一小片空地，那里长满绿绿的野草。我们在空地上休息了一会儿，吃了馒头夹肉松。肉松是母亲的姐姐从北京寄给母亲，母亲又寄给我们的。吃完馒头夹肉松我们继续上山，刚刚离开空地，我们就来到一个路口，有两条岔路小径，伸向两个相反的方向。我们要走的是右边的一条，父亲边走边说，你看，我们现在就有两条路，这条路是回去的路，还有你要记住，万一我们走丢了，你又忘记应

_王小帅 _薄薄的故乡 _196

该走哪条路了，你可千万不要自己乱跑，你就乖乖地待在和爸爸走散的地方不要动，因为爸爸肯定会回来找你的，你只要待在原地，爸爸回来找你的时候就能找到你了，否则你要是乱跑远了，爸爸回来就找不到你了。

我们各自背着柴火下来的时候又经过了这里，父亲竟然完全忘记刚才所说的一切，并且执意要顺着小径继续往前而不是左拐下到不远处的空地，那个空地我们刚刚还坐下来休息过。我就把刚才我们如何经过空地，如何休息，如何吃的馒头夹肉松跟他回忆了一遍，他承认是有这么回事，但是在这里吗？他将信将疑地跟着我左拐，穿过空地，再上山到了大路，这下他认识了。他夸我说要不是因为我，我们两个今天可要倒霉了。那个时候我坚信他迷路了，而且还有一种我救了我们的成就感。但现在想来，这里面似乎有一点可疑。假如，不是他真的迷路了，而是特意地来这么一下，好让我独立承担一点什么然后产生一种成就感也不是没可能的，并且如果真是这样，那他的这个小伎俩是非常成功的，因为很长时间以来这成为我与父亲相处的记忆中非常深刻的片断，甚至一想起来，那些林中野草的味道，在耳边嗡嗡作响的飞虫，馒头夹肉松在口中的香味都会一下子扑面而来。后来我们曾多次说到这段，我问他真的不记

_父亲 _197

得路了吗？他说他保证不是故意的，是真的迷路了。

“我就是这么个糊涂人。”他强调。

后来自己有了儿子，在和儿子上街的时候，也是学着父亲跟他强调，万一我们走散了，你就一定要在原地不动，爸爸一定会回来找你的。（写到这里、我倒是越来越相信当年父亲是故意的、而且他成功了。）

记忆中父亲的想法总是和当时的大环境、大趋势、大口号背道而驰，长期给我留下了孤独和卑微的印象。

在贵阳的时候，母亲的同事经常在周末搞一些家庭聚会，嗑嗑瓜子，喝喝茶，其中有一个重要的活动就是唱歌，有一把手风琴伴奏，每个人都必须轮流唱歌。人们一个一个站起来唱着当时流行的革命歌曲，《万泉河水》《红星照我去战斗》等等。那些高亢激昂的歌声，唱歌者喉头的上下滚动，都让我热血沸腾。但每次到我父亲，他都是推托最久的，实在推不过去就把母亲拉起来。每次唱的都是同一首歌《草原上升起不落的太阳》，声音轻柔、低婉，气氛总是一下子就不那么热烈了起来。而且每次只唱到“若是有人来问我，这是什么地方，我就骄傲地告诉他，这是我的故乡”，之后就不唱了。后一段“共产党，毛主席领导我们成长”就说记不住词，引来一阵哄笑。

_王小帅 _薄薄的故乡 _198

直到现在，也无法把这
合并到一起。那是两个如此
不同的人。1966年，是我
每次看到这样的照片，我
实属于过舞台。
图为父亲在上海戏剧学

- 199

自己对父亲的印象
界，也是两个全然
一个分界线，只有
实地确定，父亲确

_王小帅 _薄薄的故乡 _200

*这是画的父亲和母亲的无数张肖像中的一张。很可惜没有写年代

但是当时画的最多的应该是在77，78年。

记忆中父亲就是这样永远拧着两道眉毛，嘴唇向下耷拉着。

上一分钟还是乐哈哈的，下一分钟就会暴跳如雷。但是我们

小朋友都不怕他，因为他从不对小孩发火。

201

201

一九七六年，虚岁已经十一了．看笔触俨然是个“老”画家了．但手部露怯了

_ 王小帅 _ 薄薄的故乡 _ 202

有一次是在毛主席逝世的灵堂告别仪式上，我们学校的小朋友轮流进入在厂食堂临时搭起的灵堂里。那个时候已经哭喊声一片了，我不能落后，我也哭，而且我是班长，必须带头，我就放出最大的声音喊着哭。后来控制不住了，走出灵堂还在大哭，哭得呼天抢地，老师也制止不住，这个时候不知道怎么回事，父亲和母亲突然出现在队伍的边上。父亲大吼一声：

“别哭了！看你这样子，没出息！”

这一喊如晴天霹雳，我立即收住号哭，心想怎么了？哭不对吗？爸爸为什么那么反动？

后来我们讨论过，当时他怎么敢在大庭广众之下这么做？他说想想也真是后怕，但是当时看到我哭成那样，突然心生厌倦。

父亲有一个极大的爱好是收听美国之音，这让我们家经常处在一种诡异而神秘的气氛里。要知道在那个时候这样做是绝对不容许的，但他实在抵抗不住那个来自大洋彼岸的另一种声音。他把收音机调到短波频道，用最轻微的音量仔细地搜寻着一片噪声中偶尔闪过的清晰瞬间，往往听一会，一轮刺耳的噪声就会覆盖上来，父亲会恨恨地骂一句“最近干扰得厉害”，但

_父亲 _203

就是这样他还是不停地趴在收音机边搜索着。

母亲叮嘱我千万不可以出去乱说，会坐牢的。所以，我以为这是我们家天大的秘密，而且不可告人。每次听完，父亲都会叹一口气，他后来常有叹气的习惯，我很担心，经常劝说他这样对身体不好，但于事无补。

有一次我半夜又被一阵轻微的噪声弄醒，看见父亲一个人坐在床边的小桌上边喝酒边听噪声，耳朵几乎贴在了收音机上。见我醒来，他叫我过去，我问妈妈呢，他叹起气来，说你妈妈真积极啊，去厂里参加反击右倾翻案风的运动，到现在还不回来，真是气死人了。随后他倒了一杯白酒让我喝，我不敢，他说喝，不怕，男子汉了，我尝试着喝了一小口。

现在想起来，我就是在不断适应着父亲这种与当时大部分人格格不入的另类行为中长大的。

想想也是奇怪，小小年纪，竟跟自己的父亲、怂恿地抽了人生中第一口烟，喝了第一口酒（见镜中无光）

父亲的行为显得另类的另一件事情是，父亲坚决不打我和妹妹，也严令母亲不许打孩子。要知道在当时的教育环境下，这是多么的不可思议。小孩子都是打出来的啊，小孩子就要挨打的呀，不打怎么办？小孩子不听话，学习不好怎么办？就要打呀。所以我的小朋友们三天两头被打得哇哇叫，然后再跑出来

_王小帅 _薄薄的故乡 _204

玩，声称自己被打了。好像昨天你被打了，今天我也被打了，这样才对啊，这是个很骄傲的事情啊，大家一样啊。你没被打吗？你没挨过打吗？这样的问题问得我很尴尬，好像我是一个不正常的人，好像因为没有挨过打，我们就没法一起玩了。这个尴尬直到现在还存在，很多人在谈到小时候如何挨打，挨打的方法，以及所用的工具等等，显示出他们是一群正常的人，每次这个时候，我是无法插话的，并且明显感到自己是个有缺憾的人。

说一次都没有挨打也不对，挨过两次。

一次是因为偷了家里的两毛钱去寨子的商店买了几颗糖和小朋友们分了。那时候家里的钱就放在一个柜子里，有几毛的，一块的，最大的五块。

我们在寨子里唯一一个商店的柜台前买完糖，回身出门，边走边一人一颗糖往嘴里塞的时候，母亲却鬼使神差地站在商店楼梯下面的马路上，正正地盯视着我们。回家后，母亲问我是哪个手偷的，我想右手要干很多事，就说左手，母亲让我跪在橱柜前，她拿了一个戒尺，我想，我终于要挨打了，明天我就可以告诉大家我挨打了。那次打重了，晚上左手背像馒头一样肿了起来，好像还亮晶晶地有水在皮肤下面流动。母亲惊慌

_父亲 _205

了，带我去了厂医务室，我心里想，哼，你也害怕了吧，看爸爸回来怎么说你。

父亲回来知道事情的原委，默不作声，既没有指责母亲，也没有说我。第一次没有得到父亲的呵护，我感到了事情的严重性。

以这次经历给我的教训来说，打与不打真是个问题

第二次是因为我们几个高年级的同学在操场上玩，看见一个平时比较怯懦的同学和他的弟弟。我们上去围住他们，有人说听说这个弟弟摸过女人的奶，就要他说说摸女人的奶是什么感觉。他就是不说，哥哥上来保护弟弟，他们打了起来。混乱中不知谁一下把哥哥的眼睛打出血了。当时的我始终在边上看着，既没有参与也没有制止。

兄弟俩哭着回家了。我们也就散了。

我独自回家，刚刚进院门，兄弟俩领着他们的母亲，后面跟着许多看热闹的邻居浩浩荡荡地往我们家走来。这天是星期日，正好父亲在家，同时父亲的几个京剧团的同事来家里做客，他们在里屋和父亲谈天喝酒。

听到外面的动静，父亲就出来了。兄弟俩的母亲领着眼睛出血的哥哥和一众邻居刚一进院，他们的母亲还未张口说话，父亲猛地抡起胳膊给了我一个满满的耳光，我被打倒在地。那个

_王小帅 _薄薄的故乡 _206

母亲见状赶紧说老王你误会了，不是他打的，是他领着那些孩子打的。父亲惊了，怒吼道，不是他打的你来我们家干什么？谁打的你找谁去，滚！

他们被喝退出去，向下一家走去。父亲没有吭声，进屋去了。

过了一会儿，一个京剧团的叔叔出来安慰我，打疼了吗？你爸爸说冤枉你了，他在里面哭了。

这个事情在以后的日子里我们只谈论过一次，他对那个女人心生怨恨。

学习绘画是父亲强加给我的愿望，实际上这应该是他自己的愿望。

贵阳家里橱柜顶上的玻璃板上压着一张扑克牌大小的画，是一幅小油画，很抽象，大致是一把伞，深蓝色的背景和黄色的前景，大致像伞的地方用刮刀刮了两下，这样看起来就像是伞上下着的雨了。关于这幅画的内容也都是我们猜测的，从来没有向父亲证实画的是什么，但是他画的他承认。他说在考上上戏之前，他有过学习绘画的志向，但是很快感觉自己没有这个才华，就放弃了。后来一直后悔，说如果当时是选了绘画这个专业该多好，自由自在，无论在哪儿，无论在哪个单位，自己

_父亲 _207

高兴了就画画。不像现在搞的这个，一切都要受制于别人。所以他说你应该学习画画，千万不要走我的路，在中国搞戏剧是很痛苦的，自己的想法是得不到发挥的。

我画得最多的是父亲的肖像。他是个急性子，起步时一些基础的东西很快就过去，直接画人像，而且要对着真人画。他认为最难画的就是人，他们有血有肉，有生命，每一个人都不一样，~~要抓住人的神气~~，肖像就是要画出人的精气神。

为此他每次都会摆出一种很有精气神的样子，紧锁双眉，目光如炬等等。

现在想来他实在是太急于求成了，恨不得让一个十岁的孩子一步到顶。但是他又是一个极端不愿意麻烦别人的人，不好意思给我找不同的人来做模特，所以他就自己当模特。于是我就对着同一个模特画了数十张肖像，正面的，侧面的，四分之一侧面的，五分之四侧面的，甚至有一次我们实在找不到新的角度，我们还画了一张全后脑勺的。现在的这些画大部分都遗失了。有一次我严重抗议了，父亲也觉得这个事情这么下去也不太对了，他就到厨房把正在做饭的母亲拉进来，于是我有了一个新的模特。母亲毕竟要操持家务，没有那么多时间一动不动地让我画，所以我画母亲就要少很多。

我还临摹了很多印象派和苏联的风景画。现在我都不甚清楚那么几本让我临摹的画册，父亲是从哪里搞来的，要知道那

_ 王小帅　　_ 薄薄的故乡　　_ 208

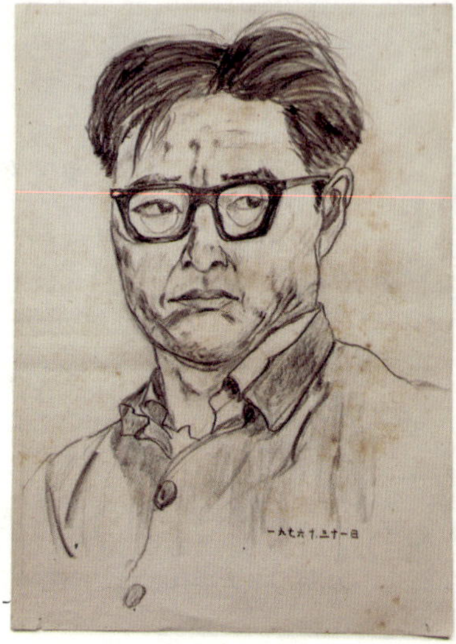

209

209

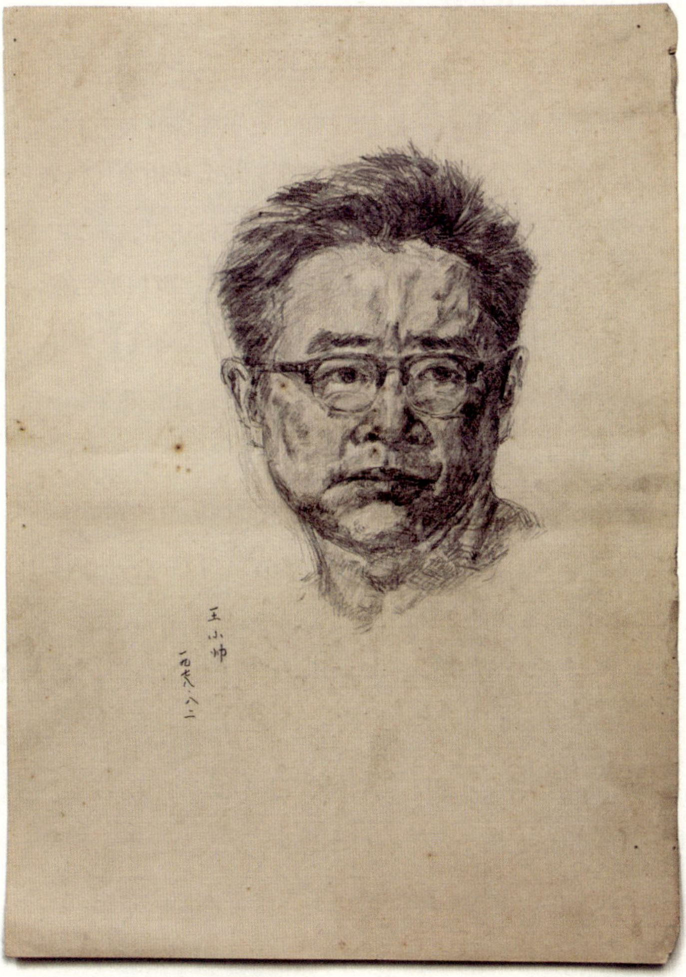

_ 王小帅 _ 薄薄的故乡 _ 210

可是在七十年代啊。

我实在忍受不了在家里画画了，提出要出去写生。父亲是那种对我在绘画上提出任何进一步想法都欣喜若狂的人，他认为这是我主动开始感兴趣的表现。父亲就用他那辆老式德国自行车带我出去写生，我们到山里，到村庄里，画树，画花，画房子，因为能够出去，我会假装更高兴、更积极一点。

后来到了武汉文工团以后，因为话剧团里有正式的舞美队，而那时刚好从上海戏剧学院舞美系分来几个毕业生，父亲如获至宝，于是开始拉拢他们。他们都是刚刚毕业的年轻人，离家千里来到武汉，父亲就三天两头把他们请到家里来，买鱼，买肉，买酒，让母亲给大家做，然后很自然的，他们就成了我学习绘画的正式的老师。

其实在贵阳的时候，有一个学校的老师叫刘学文，后来成了摄影家，当时也给我示范过素描，都忘[illegible] 我都[illegible]

1978年初一个长途电话打到了厂里，那个电话改变了一切，还惦记着父亲的上戏的同学、老师向正在为话剧《东进东进》选角的武汉军区胜利文工团推荐了父亲，父亲出演国军将领韩德勤一角，并因此争取留在了武汉进入部队系统。一年后，母亲也以随军家属的身份离开了新光厂，我们全家迁到武汉。

父亲其实不喜欢入伍，因为他受不了自己这么大年纪了还

_父亲 _211

当个小兵，见到谁都是首长。但这是一次千载难逢的机会，在当时的中国，任何单位的人员调动都是异常困难的，唯有入伍，然后家属以军属的身份跟随配偶是没有人能阻止的。我们成了最早离开贵阳的人家之一。

刚去的时候我们笑话他，因为他的爱吃爱睡，四十多岁就已经是个大胖子了，可是穿的却是只有两个兜儿的军服。两个兜子的是士兵的军服，上下四个兜子的是军官的军服，我们笑话他说他年纪那么大，那么胖，穿着士兵的军服但看上去像个将军。那个时期父亲是快乐和爽朗的，很快他做回了导演本行，兜儿也很快变成了四个，到退伍时享受副师的待遇。

但好景不长，仅仅6年以后的1985年，中国军队进行了第一次裁军，涉及100万人。许多军区的文工团成为第一批被裁的对象，武汉胜利文工团就在此列。刚到50岁的父亲实际又无事可做。父亲萌生退意。

父亲说他要退休的时候，我非常惊讶，因为在我印象中父亲没怎么工作过呀，这就要退休了？因为只有老了才退休啊。父亲已经老了吗？

他的自尊心是强大又脆弱的，他拒绝我们替他惋惜，替他愤愤不平。

_ 王小帅 _ 薄薄的故乡 _ 212

“有什么？怎么都是一辈子，又不是我一个人这样，这是国家，这是时代，在这样的地方，有谁能为自己抱不平？人人的命运不都是这样的？”

但是另一方面，他开始真正感到厌烦，从此闭门不出，在团里为离退休人员准备的房子里一个字一个字地写他的短篇小说。团里以前的同事大部分都去了别的城市，有的回了上海，有的也赋闲在家。他很少主动和人联系，几次有好心人希望帮他联系上戏，看看有没有机会再回上海，他都断然拒绝。

“还回去干什么？人家要一个老头回来，占一份口粮，占一个位置，那不招人嫌？”

后来有几次，他被邀请到上海演出话剧，有一次还得了一个表演奖，但对别人的挽留都表示拒绝，母亲私下里说其实他心里等着别人“求”他。但我认为，他是一直做抵抗，他高调地拒绝别人的好意，高调拒绝回到上海，实际上是不愿意承认自己现在的处境，他心里是在和命运、和社会抗争。

“我不要你们的同情，我很好。”

我有几次私下里跟他说，其实如果你能重新接受这些，重新开始，一切都不晚，而且母亲的心里也会好受些。他默不作声。

有无数次，母亲说起是自己连累了父亲的时候，总是被他

_父亲 _213

大声呵斥住。

“是你的错吗？那是大洪流啊。你那时刚生完孩子，我能看着你们娘俩就这么过去了？如果是这样，为了所谓我的事业留在上海，我告诉你，我会活得更痛苦，我会后悔一辈子。就算我留在了上海，那又怎么样？不就是个普通的教师，小小的演员？”父亲这样的话，现在想起来，他是在帮母亲卸下她身上的十字架。

但母亲能理解吗？

生活里他们越来越多的吵架，大部分都是以父亲暴跳如雷，母亲沉默无声收场。一个是内心压存着债，一个是彻底自我放逐，就这样生活着。我也在他们两人那看不见的红线中小心地保持着平衡。而渐渐长大的妹妹内心濒临崩溃，她渐渐地厌恶这一切，社会、家、无休止的争吵，她说她以后要离开。

父亲这一生，大部分工作、事业上的机遇他都无法掌握，但有一件事情他却一直坚持了一辈子，那就是写作。他把写作比作绘画，是自己和自己的事情，无须和人打交道。但那是怎样一种写作呢？

大约还在贵阳的时候，他开始写下第一个短篇，在以后陆

_王小帅 _薄薄的故乡 _214

四个解放军，刨除父亲12年的贵阳生涯，全是上海兵，左起赵葆康、父亲、汤志良、刘建忠。除了汤志良，都是上戏同学。武汉军区胜利文工团解散之后，各奔东西。

赵葆康和妻子李辉回到上海，李辉随即移民澳洲。赵葆康如今在上海大学美术学院任教，并坚持创作。汤志良进入兰州军区某野战部队，退伍后回到上海。刘建忠随部队合并入广州军区，在广州战友文工团继续从事舞台灯光工作。

_ 215

215

_王小帅 _薄薄的故乡 _216

我做了导演以后，其实父亲一直希望我能改编他的某一篇小说，然后拍成电视剧或电影。然而我一直未能实现他的心愿。

续的日子里又写了几篇，然后在以后四十多年的日子里，只要我看到他，他都是反反复复地修改他几十年前写下的那几篇短篇小说。偶有一两篇随笔也是反复修改，而写作对于他来说是一件极其艰难的事情，生活中时有感染人的表现的他，一到文字上这一切都消失殆尽。他也承认自己没有写作的天分，每一个字，每一句话，每一个标点都极为滞涩，小说写到一两千字往往就再也没有办法了推进了。但是足不出户，趴在桌上用橡皮反复擦拭那些稿纸上的文字几乎是我对父亲后半生最深的印象了。我想，从闲在贵阳开始写的第一个文字起，后来直到生命终结前，只有这一件事情，还能让他感到生命存在的意义吧。

因为这一猜想，母亲、我和我妹妹都不停地鼓励他，夸他，经常用夸张的语气说：“啊，这一遍改得真的太好了，顺畅多了。”就像对一个孩子。而实际上某一篇十年前的文字，这次他可能只拿出来改了几行文字和标点符号而已。

除了我们家里的几个读者之外，和父亲比较要好的同事，他的哥哥、姐姐，母亲的姐姐，他后来的学生，以及所有能够得着的朋友亲戚，都被反反复复地要求阅读过母亲抄写的他的几篇小说，并且要人家读完立刻写出意见，以便他好再改。他在家里等着这些读者的反馈，反馈不好的，或者不够积极的，他

_父亲 _217

会怀疑这个人的理解水平，而有些用夸张的语言赞美他的，他又怀疑他们是在安慰自己。“我哪里会写东西哦,有那么好吗？”他的这种状况经常弄得别人不知如何是好。

父亲说他的第一篇小说的灵感来自某个周末下班骑车回家的路上。自行车在贵阳山间的土路上上上下下，上坡的时候骑不动，要下来推，他会觉得真是艰难啊，而到了下坡的时候，一路飞驰，迎着风，迎着光，真是开心啊。就在他飞驰而下的时候，看见边上的地里种满了玉米，正是结苞的时候，一片一片地在风中摇曳，在阳光下闪烁，真是美啊，它们多么自由啊。冬去春来，新的生命成长了，结出了果实，随着冬天来临就凋零而去，再等下一个春风吹来的时候，它们是多么无忧无虑啊，相比较，人是多么辛苦啊。

“我多想那个时候做一颗苞米啊。”他说。

于是根据这个灵感，他写下了第一篇短篇《玉米人》，讲的是一个年青的农民爱上了一棵玉米，决定要和玉米结婚，可是玉米说自己只能生活在这儿呀，怎么能嫁给他呢？年轻人说没关系，我会到这里来，我要做一棵玉米，和你在田地里结婚。年轻人回去说服了自己的母亲，母亲含泪随着儿子来到了玉米地，帮着儿子挖了个坑，然后儿子躺下去，母亲就把儿子埋了，这

_ 王小帅 _ 薄薄的故乡 _ 218

样年轻人和玉米结婚了，他们就随着大自然的春夏秋冬生生不息了。

现在想来，这一篇处女作应该是父亲一生最好的作品了，生发了那个极端年代里的人对自由的无限向往。

严格来说，父亲在贵阳待了十二年，正好和上海的时间相当。后来说起他生命中的这一段，他是乐观的，他说虽然我离开了舞台，离开了戏剧事业，但这段生活和经历依然带给了他无尽的财富，是他的人生不可或缺同时又是独一无二的宝贵体验。

“人生就是这样，你有的，就是你的。”

“你后悔吗？”

“不，后悔什么？后悔没有把你们遗弃？”

我 15 岁考上了中央美术学院附中，从此开始了在北京的独立生活。以后都是寒暑假才回家一次。退休以后，父亲除了有几次被聘请到外面去参加一些电视剧的拍摄（很多次还半途夭折了），大部分时间都赋闲在家。

从那时起直到晚年，他每天的作息基本是这样的：每天早上差不多八点起床，在房间里扫地，然后趴在桌子上写字。中午吃完饭，马上倒头睡午觉。午觉能睡两三个小时，起来之

他异常喜欢在家里扫地，这似乎是他唯一能站着并且有所动作的姿势了。

_ 父亲 _ 219

他的饭量奇大、而且每顿必须吃大肉，不吃蔬菜，直到把自己吃撑为止

后不用多久就吃晚饭，照样吃撑。然后又趴在桌上写会字，差不多不用到九点上床睡觉，直到第二天早上。如此这般日复一日，并且几乎足不出户，所有家以外的事情都是我母亲去办。我们劝他哪怕为了锻炼一下身体，也应该出去走走，我小心地劝他说为了写好小说，总要接触一下外面的世界吧。

可是对这些他都置若罔闻，直到搬来北京和我同住，情况才稍有改善。我想，这可能是因为远离了原来的单位，出门也不怕碰上以前的同事，心情稍微放松了的缘故吧。

他喜欢去潘家园，但每次都空手回来。我劝他有喜欢的就买回来，他说他去那里不是为了买东西，是去和人聊天的。我想这可能也和钱有关系，父亲母亲一辈子没钱，除了工资，很少有外快，并且在我和妹妹上学期间把所有的钱都花在我们身上了。父亲更是对钱没概念，有一年，应该是 1989 年左右，他参加一个电视剧的拍摄，生平第一次挣到了两千块钱，然后马上给我写信说我们家有钱了，你不用担心了。可是我刚刚高兴了两天，他就把钱全部借给了在文工团时教我绘画的一对夫妇，因为他们计划要移民出国。

晚年生活里唯一还有一次和社会的接触，是谢晋导演在上

_ 王小帅 _ 薄薄的故乡 _ 220

海开办了一个谢晋恒通明星艺术学校，让父亲去任教，这一次，父亲终于动心了。他回到上海，接受了演艺学院第一期的教学任务。

回到上海的这几年，他性情大变，完全陶醉在教学之中。这期间我去上海看他，看到学生们围聚在他的宿舍里聚餐、喝酒、聊天，他不停地给他们念他写的那几个短篇，仿佛时光又倒回了在武汉的那些岁月。

我为他高兴，但也暗暗地为他担心。担心是因为他的性格，他做事是典型的三分钟热度，一上来就喜欢把事情推向高潮，只陶醉在业务上，极端厌恶复杂的人际关系，在这方面他的智商几乎为零。果然好景不长，送走了一个学年的学生之后，他再次心生厌倦，跟我说的还是人际关系太复杂，无论学校怎样挽留，他还是选择了离开，回到了北京，重新把自己关在屋子里。

这样的事情，我还经历过一次。那一年我刚刚进入北京电影学院，社会上拍摄上、下两集的电视剧之风刚刚兴起，父亲有一个同事要拍摄两集关于抗战题材的电视剧，请父亲修改剧本并出任导演。我刚好放暑假，父亲就争取到了让我进组当场

_父亲 _221

那次谈话真正地触到了他的痛处。很多年以后，他承认他的性格是有问题，但没办法，改不了了。我想，长期政治上的压抑和对政治的过度恐惧也是重要的原因吧。

记的机会，我就随他们开始了前期筹备的工作。

我们一边在湖北的山里看景，一边讨论父亲修改的剧本，在看景快结束的时候，父亲承受不住了。他无法接受所有人对剧本的意见，认为这不是讨论艺术，而是对他能力的怀疑。那一天下午，他让我拿了两把藤椅出了招待所，我们找了个没人的地方坐下，那个招待所坐落在一个小山坡上，坡下是一片田野，田野尽头是绵延的大山。父亲说他决定不干了，原因是还是人际关系太复杂，“他们要把我挤跑，不如我自己走”。

我大为震惊，我说爸爸，不是这样的，我一路看下来，没有人想要把你挤走，他们只是在讨论剧本而已，他们有意见也是正常的。他说你不懂，这里面太复杂。我心急了，第一次反驳他，说这是很正常的啊，有人的地方都会复杂的，作为导演除了创作之外，就是要学会处理这些关系啊。我说爸爸，你的一生走到今天有社会的原因我承认，但你自身性格的缺陷也是一个重要的原因啊。

那天我们父子俩坐在面对大山的山坡上，四周安静极了，我不敢正眼看父亲。那一刻我突然生出了强烈的挫败感，就像更早以前我和妹妹站在村口，看着父亲一人面对那些狗，孤立、

_ 王小帅 _ 薄薄的故乡 _ 222

无助，我想冲上去帮他，但我知道我还没这个能力。

2004 年，我在筹拍《青红》的时候，多次回到贵阳，这期间我几次希望父亲也回去看看，留在贵阳的同事、朋友也都关心着他的境况，但是他都拒绝了。从 1978 年离开贵阳到 2011 年去世，他一次都没有回去过。父亲从青岛、丹东、合肥到上海、贵阳、武汉、北京，他的人生和他的家庭，就像其他千千万万个中国家庭一样，像一块浮萍，漂泊着，早就分不清哪里才是故乡，不知道故乡到底是什么滋味了。

2010 年，经过在文工团教我绘画的老师、他的几个要好的同事帮忙，联系了一家出版社，他一生的心血——那几个短篇和中篇被编印成书，取名“天窗”。我没有细问他取这个名字的动机。当散发着油墨味道的书送到他手上的时候，他长叹了一口气，调侃道：“终于看到自己丑陋的字变成铅印的啦。”

同年底，他们上戏 59 届毕业的老同学准备重排他们当年的毕业大戏《钦差大臣》，邀请父亲去演他当年饰演的角色，一个传播谣言小人物。

“戏虽然不多，但却是整个剧的发动机，他如果引爆不好，戏

_ 父亲 _ 223

就垮了。”父亲说。

排练的时候，70 多岁的他要像当年 20 几岁的时候一样在台上蹿进蹿出。

就在快要演出的前几天，他突然一头栽倒在舞台上。

我赶去医院看他,劝他放弃演出,这样太危险了。他震怒,把我赶出了医院。当天他自己悄悄拔掉输液管赶回剧场。

演出当天，大幕拉开，父亲出现在舞台上，我在观众席里看着他，如此陌生。这是我第一次，也是唯一一次看到他实实在在地出现在舞台上。从青年时离开这个舞台兜转一生，最终又回到这个舞台，这是一出怎样的人生之戏。

演出结束了，我看到父亲矮小的身体夹在谢幕的一干演员之中，无所适从，眼睛不知道应该看向哪里，也不知道自己该不该随着观众一起鼓掌。有人把一束鲜花传到他手里，他有些茫然，不知道该如何处理手中的鲜花，他朝空气中挥了挥，然后停下了。

演出结束后父亲身体急转直下，隐藏的疾病猝然爆发。翌年 1 月 30 日，演出结束不到两个月，父亲安静地病逝于北京。

_ 王小帅　_ 薄薄的故乡　_ 224

如此突然，但如此安详。我想，他是对这个世界再也没有留恋、没有牵挂以后才决定走的。

就在他临走的前一天，在病床边我问他：

“爸爸，你怕吗？”

“不怕。”他说。

父姓王，名家驹 生于1935年，卒于2011年

225

_王小帅 _薄薄的故乡 _226

母亲被物质击垮了，和父亲的天马行空不同，为了维持这个家的正常运转，她被逼着去和每一天的吃喝拉撒战斗。除了上班下班这一规定动作，她的一生就是围着菜市场和厨房战斗的一生，只要有一份花销脱离了她的掌握和控制，她都会变得极度不安

227

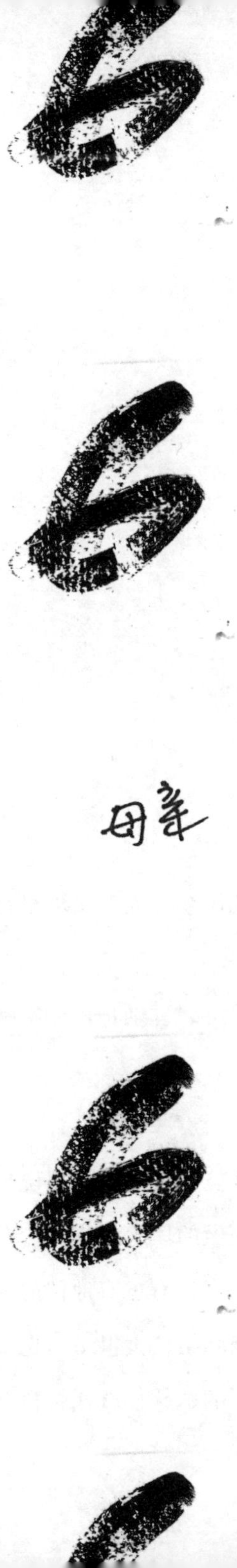

_ 王小帅 _ 薄薄的故乡 _ 228

§

母亲说外婆是无锡乡下人，父母早亡，外婆有一个姐姐和一个哥哥。

我记得外婆跟我说起过她哥哥，她吭哧半天终于把她认为非常不耻的词说了出来。

“抽大烟，废人一个。”

外婆的姐姐比外婆大很多岁，据说长得非常漂亮，她嫁给了上海的盐官，是去做的填房。当时盐是由政府掌控，所以外婆大姐的丈夫算是一个政府里有地位的人。好景不长，外婆的姐姐嫁去没多久就因肺结核去世了，也没有留下孩子。姐姐在走之前不放心在乡下的妹妹，就托付自己的丈夫，就是外婆的

_ 母亲 _ 229

姐夫照顾外婆。这样，外婆被她姐夫从农村接了出来，就算寄养在了姐夫家。来到了上海，姐夫对外婆很好，供她上学，所以外婆是上到了中学的。

后来姐夫来到北京,外婆也跟来北京。姐夫属于政府官员,所以在北京经常有一些政府职员的社交活动，外婆就是在这样的场合中认识了同是政府官员的外公。外公姓邓，当时已经是邮政总局的一名高级职员了。职员分甲乙丙几级，据说那时外公已属甲等职员。

母亲这一家辗转在中国各地的次数更是令人瞠目。当时的邮政系统的工作各地间的调动是非常频繁的，外婆和外公结婚后即被调往太原。按母亲说外公人老实，总是以甲等职员的身份调往一地做几天代理局长，等正局长上任他又回到甲等身份，真正做上局长已经是 1949 年以后的事了。

外婆外公在太原生活了几年，在那里生了母亲的大姐，但大姐在四岁随外婆外公迁到上海的当年就夭折了。随后母亲的大哥、姐姐和她相继出生于上海，然后两个弟弟又出生在嘉兴，外婆一共生了四男三女七个孩子，不算夭折的大姐，母亲排行老三，取名邓美慈。伴随着战火，一大家人又从上海迁到嘉兴，嘉兴再到南昌。那一年抗战胜利，母亲说她清晰地记得

_王小帅 _薄薄的故乡 _230

*彼时父亲的家已经在合肥了，因为同是邮政局的同事，两家正好住在前后院，父亲和母亲自然就认识

在南昌的大街上庆祝抗战胜利时，她在欢庆的队伍中看到蒋介石和宋美龄骑着高头大马走过。她反复强调，清清楚楚地看见了。然后全家从南昌又调往九江，九江再往安庆，安庆再往芜湖，芜湖再往屯溪（今黄山市），直到1949年后落脚合肥，算是最后落定了下来。这样算来从母亲1938年出生到定居合肥，也辗转了十二个年头，那一年她读初二。

外公在1961年去世，从此外婆一个人拉扯着六个孩子。至于她是如何办到的，以及这一大家子在没有什么生活来源的情况下是如何走过来的，实在无法细诉。而且神奇的是，外婆的这六个活下来的孩子还全部进入了大学。母亲说就是一带一，大哥毕业赚钱供大姐，大姐之后供母亲，一个一个都读完了大学。

母亲进入的是哈尔滨工业大学光学仪器系，1956年入学，本应在1960年毕业，比父亲晚一年，但其间学校有两件事情，使这里的学生晚了两年才毕业。一件事情是1957年国民经济大幅下滑，使大学里的光学专业停摆，系里有的学生插入别的学科学习，还有的学习一年俄文。母亲属于后一种。另一件事情是为了庆祝1959年中华人民共和国的十年大庆，黑龙江在各大院校选拔运动员，集中训练之后参加1959年的第一届全国运动会。母亲入选了羽毛球队，临时并入黑龙江省队。训练了

_ 母亲 _ 231

将近一年，然后参加了第一届全运会。母亲说他们成绩打得不好，没有入名次。个人单打她运气也不好，抽签抽到广东一个健将级运动员，加上自己正赶上身体不方便，所以上场两个回合就败下阵来。但是接下来发生的事情还是令母亲很激动。他们接到通知，暂时不回哈尔滨，有人要接见参加全运会的运动员。接见的那天谁也没有想到，毛主席和周恩来走进了大厅，远远地，母亲说远远地看见了他们招手。毛主席接见完了之后，还是不让走，北京市市长彭真要请运动员吃饭，那天周恩来又来了。我说妈你可以啊，一不小心蒋介石、毛泽东你都见过了。

1960年母亲回校复课，1963年毕业，可能因为父亲在上海的原因，她毕业后即被分配到了上海光学仪器厂，简称上光厂。上光厂主要生产潜艇的潜望镜，属于军工企业一机部，和母亲所学的专业对口。

从60年开始，~~仅仅一年以后~~，中国在政治上与苏联越来越僵，战争的气氛突然加重，海峡对岸反攻大陆的声音也不绝于耳。为了防止战争，防止轰炸，政府决定把沿海大城市的重要军工企业往西南迁移，以云贵川为主要目标，并辐射到陕甘宁，以那里群山峻岭为掩护建设新的军事工业基地，同时也带动西部的工业发

_王小帅 _薄薄的故乡 _232

展。小部分以江西湖南为一线加以迁移,这就是我们知道的“开发大三线”的由来。但是因为这是一个牵涉到重大军事机密的行动,所以更多对外宣称的是东部城市支援内地建设,简称“支内”。

听父辈们说，如此重大的行动，从决定、动员到实施只用了非常短的时间，中央政府何时有如此计划民间不得而知。从公开的资料上看，毛泽东在 1964 年 5 月 15 日到 17 日中共中央召开的工作会议上做出了三线建设的决策，到 1965 年 4 月，仅仅不到一年的时间里，中国的战略资源大多已经向西部和西南地区转移完毕。同时动员的人口有四百万人之多，并且动员的是全家参加革命，以当时中国平均家庭人员 4 人来计算，突然迁移的人口应该是千万以上。

母亲所在的上光长由于生产的是精密仪器，考虑到运输问题，厂址造在了离贵州省省会贵阳市最近的郊区，乌当区。现在因为城市的建设和扩张，乌当区已经是一片繁华的市区景象了。厂里的老人说，现在来看他们还算幸运的，当时其他厂的厂址是由部队的干部坐着飞机在天上选的。干部们坐着飞机,飞过群山峻岭时手往下一指，某个厂就是这里了。

母亲说她依稀记得 1965 年某个时候她们就接到动员了，那时她已经怀了我，到 1966 年 5 月生完我之后几个月，她们就随

_ 母亲 _ 233

着第二批迁移队伍出发了。时年母亲 28 岁。父亲以家属身份同行。当年父亲已经在上海戏剧学院任教八年，专业上并不属于工厂所需要的人才，但一是响应革命的号召，二是父亲担心我们母子俩，所以他放弃了自己的事业。

我曾问过母亲，如果那个时候以生孩子为名，以及丈夫专业完全不对口为由是不是可以申请不去，母亲说应该是可以的，因为厂里有人就是这样做的。我问那为什么你没那么做？母亲说：“那时候人傻呀，那个时候的大气氛是人人积极踊跃啊，你要是不去，你不就成了落后分子了？再加上我又是学的军工专业，不去怎么行？”

确实，据说凡是被动员去的，都是属于当时厂里的技术骨干，属于高端人才，被告知的是到那里可以充分发挥自身的才干。这对于有一番事业心的年轻人来说无疑具有巨大诱惑力。还有一种情况是你并非属于技术骨干，但听说你的配偶在别的单位是某专业的技术人才，那么工厂就会安排你去，同时把你的配偶调过来，其实是醉翁之意不在酒。这样的情况，在当时也是很普遍的。

父亲在厂工会干了两年，之后调到了贵州省京剧团。京剧

_ 王小帅 _ 薄薄的故乡 _ 234

团在贵阳市里，除了周末，父亲长期不在家里住，所以在厂里的大部分时间我和妹妹是和母亲在一起度过的。可能因为我们和母亲度过的时间太平常、太平淡，也可能天天重复着一些日常生活，记忆中特别的地方反而没有少有见面的父亲多。

我对母亲的记忆都是日常的，琐碎的，一如母亲的性格。

工厂的上班时间是每天上午 8 点，母亲不到 7 点就起床，去食堂打早饭。从生活区走到厂里再走到食堂，快走的话单程需要八九分钟，买完早点再回来，把我和妹妹叫起来，吃完早饭，我们去上学，母亲去上班。工厂里的早点还是很丰富的，有面包、鸡蛋、馒头、豆沙包、稀粥、咸菜，还有上海人喜欢吃的发糕，有时还有菜肉包。我不喜欢吃豆沙包和发糕，而菜肉包不是总能吃到的。中午的时间最紧张，工厂 12 点下班，1 点就要上班，中间只有一个小时，母亲要赶回来，给我们做饭、炒菜，然后还要午睡一会儿，往往是只能睡十五分钟。现在想起来都不知道这么多事一个小时是怎么办到的。我问母亲，你那时候都能睡着吗？她说睡着睡不着，躺下眯一会儿总是要的。但我还是总能听到她打鼾声，经常是她人刚一进屋鼾声就传出来了，她是

_ 母亲　　_ 235

开炉子的过程是这样的，我们家是自己砌的炉灶，早上的火不能灭，加足了煤球之后上面用湿煤封上，我们叫封炉子，只留一个小拇指粗的孔，这样能使灶里的煤燃得慢一点，经过一个上午，上面的湿煤就烘干了，等我放学回来用铁条捅开上面的煤就可以了，不用重新点火。晚上烧完洗脸洗脚水之后同样这么做，到早上捅开干煤就可以烧水了，这在需要热水的时候，整个冬天尤其管用

那种不管有天大的事，躺下就着的人。后来为了让中午这点时间不那么紧张，母亲教会我开煤炉和做米饭，这样她一回来只需炒个菜就可以了。学校离家很近，中途不玩的话，一分钟就能到家。这样等母亲下班到家，米饭基本上就能做熟。

母亲炒的菜基本可以论叶来数，偶尔有肉也只会少许几片，我们总是很珍惜这些有几片肉的日子。我一般要吃两碗饭，到第二碗基本就没菜了，就用辣椒酱把一整碗饭都拌了，然后拿出家边玩边吃，我叫这是红饭，因为拌上辣椒酱的每一粒米都是红红的。而周末父亲回来的时候，母亲总是做很大一碗肉，不论是鸡鸭鱼还是肘子。父亲很爱吃肉，不吃蔬菜，他如果看到桌上没有大块肉是要发火的，他经常说母亲小气，平时不给我们吃肉。但是很久很久以后，父亲已经不在了，母亲才说，其实是她没有钱。父亲平时对钱没有概念，自己在京剧团的工资基本都是自己用掉了（父亲喜欢请同事们吃喝），家里面我们三个人加周末父亲回来所用、所吃都只能靠母亲一个人的工资，所以她只能等周末父亲回来好好做顿肉，平时要节省着，要是平时也做那么多肉，钱就不够用了。我听了很震惊，误会了母亲一辈子。

其实很小我就知道我们家总是没有钱，到每个月月底快发

_ 王小帅 _ 薄薄的故乡 _ 236

236

237

母亲中断哈尔滨工业大学学业，参加了哈尔滨省羽毛球队的训练，然后参加了1949年全国第一届运动会。为此晚毕业了两年，于1963年毕业，同年分配入上海光学仪器厂，1966年随着三线建设去往贵州。

前排右起第一个为母亲

_王小帅 _薄薄的故乡 _238

对于某些事情的过于操心和焦虑也是我性格的一部分，这从很小的时候就显现出来

工资的时候我就会变得很紧张，会偷偷趁着家里没有人时拉开五斗柜的抽屉，看看夹在某个小本本里的钱还有没有，通常都是只剩几张小小的毛票和零碎的粮票、油票。有一次除了毛票还看到几张一块的，竟然鬼使神差地偷了两毛钱，然后和小朋友们到寨子上买糖果，被母亲发现了，挨了第一顿揍。

父亲一辈子不善于跟人拉关系、打交道，而母亲不是在工厂，就是在学校，和社会接触极其有限，所以他们两人一辈子就靠工资生活。等后来改革开放了，各家都想尽办法捞外快，他们也没有跟上时髦，所以家里一直都是很穷的。虽然退休后的父亲有几次因为参加电视剧的拍摄挣了一些外快也没有根本解决这个问题。加上父亲对钱毫无概念，一有就花，大手大脚，所以不论母亲如何努力，一年到头还是积蓄不下什么余钱。

进入八十年代以后，特别是到了武汉以后，条件稍好了一点，父亲的工资也全数交给母亲，母亲就会谨慎地计划着用钱，希望也像别的人家一样能有一些积蓄。但每次都刚刚有点好转就被父亲天才的气魄用掉。

主要有三次。一次是我考上了中央美院附中，父亲一激动就要给我买一个当时很流行的单卡录音机，为此还借了点钱。在这方面父亲是一个暴君，母亲是丝毫没有话语权的，我极力

_ 母亲 _ 239

反对也没有用。后来美院附中楼道里飘荡着的邓丽君的《香港之夜》就是出自我那个全校唯一的录音机。还有一次是我决定考电影学院，父亲执意要给我买一个海鸥牌单反照相机，说这对学导演是有帮助的，而这样一台相机当时就要花掉六百块钱，我再跳脚反对还是没有用。母亲已经受到了惊吓，不敢说半个不字，虽然父亲的这一创意一下就要掏干母亲几年辛苦攒下的钱。而我却因为父亲暴君般的慷慨，上学时几乎成了当时的小富二代。

最后一次最难忘，父亲受聘出去导演了两集电视剧《背琴人》，据说是全军第一个电视剧，为此得到了两千元的酬金，这在当年是我们全家从未见到过的巨款。母亲怕别人怀疑钱的来历（实在是没有一次性拥有那么多钱），她连续几天分几次小心翼翼地将它们全部存进了银行。刚刚完成这个动作没几天，原来文工团舞美组的一对夫妻，也是我学习绘画的启蒙老师，因为要出国，回到武汉向过去的同事们借钱（当时他们已经调回上海），临走来我们家探访。按母亲的话说，他们知道我们家是最穷的，所以根本没打算向父亲张口。但吃饭间谈起了他们的出国计划，以及来武汉的目的，父亲听后大喝一声说为什么不早说，我们家有钱。当即逼着母亲去银行，把刚刚放进去的两

_ 王小帅　　_ 薄薄的故乡　　_ 240

千元全部取出来交给了他们夫妇两人。我听到以后惊呆了。多年以后他们夫妇两人谈起这个事也说当时就惊呆了，无论如何推阻，招来的是父亲的一顿呵斥。他们夫妇说，后来他们可以还钱的时候，第一时间还的是我们家的。

我完全可以想象母亲胆战心惊的贫穷生活，这使她慢慢地变成了一个“物质恐惧症患者”。这是我自行下的定义，还加上了引号。

母亲被物质击垮了，和父亲的天马行空不同，为了维持这个家的正常运转，她被逼着去和每一天的吃喝拉撒战斗。印象中的母亲，除了上班这一规定动作，她的一生就是围着菜市场和厨房战斗的一生，只要有一份花销脱离了她的控制和掌握，她就会变得极其不安。直到现在，母亲炒完一个菜都要习惯性地在盛进盘子以后用筷子把菜往两边拨一拨，好显得分量大一点。年轻的时候还经常戳穿她的这个小伎俩。[redacted]是母亲，执拗地用她一个个小小的伎俩，维持着一家人的生活以至尊严。记得刚上电影学院的那一年，我、妹妹和母亲一起去烟台探望一个远房亲戚。那是一个渔村，我们在海边散步，一起共同“声讨”父亲。母亲开玩笑地说她以后享福就

_母亲 _241

惭愧的是这个许下的宏愿至今也没能兑现。倒是她一直在宽慰我，给我打气，鼓励我坚持住。

要靠我们了，我当时激动地说，等我以后拍电影了，赚了钱给她买一个大别墅，然后天天出去下馆子。

母亲除了一日三餐,从来不关心政治,每每说起来,都是“关心了也没用”，我想这是很多从那个时代走过来的人普遍的想法和标准答案吧。

她说我和你爸爸一样，一辈子没入团，没入党，你爸爸还入了团呢。可是说起她拒绝入团的原因却又是让人啼笑皆非,主要是因为不喜欢那个成天来劝她写入团申请的男老师。“那个老师看着就不正。”我知道那时候她正在读高中，高中和后来大学时的母亲听说也够得上是一枚校花呢。“有一次他又来了，我没等他开口就一把把课桌给掀翻了。”她得意地说。

但是母亲的性格又是简单而直接的，无论把她放到哪里，她立刻就能融进新的环境，无论在单位、小区、邻居家还是菜市场，有她在都会显得热热闹闹，好像跟谁都是老熟人似的。所以我以为她的不关心政治，只是不关心政治本身的含义和背后复杂的立场，但是却热心于参加各种活动，特别是组织上的活动。所以，母亲和父亲不同，父亲之于政治，有更加理性和清醒的认知，他的行为，比如逃避、不参与，是带有主动性的。而母亲是无所谓政治还是生活，她热爱的仅仅是参与，无论是

_ 王小帅 _ 薄薄的故乡 _ 242

哪个时代哪种口号，都不能阻止她积极地生活进去。

我有印象的一次是在贵阳的厂里。当时的运动是反击右倾翻案风，母亲每天积极地在厂里参加游行的准备活动，经常很晚才回家。父亲那时候劝不动她，经常很晚了独自在家喝闷酒。游行的那天，我们学校的学生一人拿着一面小三角彩旗，上面写着“反击右倾翻案风”“打倒邓小平”的字样汇入了厂里的游行大队伍，突然队伍的后面传来了高音喇叭的声音，一个高亢激越的女声回荡在山间，这个声音一遍一遍地高呼着口号。插满红旗的宣传车慢慢地行进过来，经过我们的时候，我看到解放牌卡车上，绑着扩音喇叭的边上，母亲拿着扩音麦克，边激昂地呼口号，边把右手握拳，举过头顶。小孩子看见亲人在大庭广众之下的激越举动总会觉得怪怪的，那时候我就觉得怪怪的，好像那个人不是自己的母亲，因为平时你是看不到母亲的这一面的，它是如此陌生。 甚至有些恐怖

就如同她说的，参加这种活动根本跟政治无关，这本身也是工作需要，因为她嗓子好，嗓子亮，他们需要有人带领大家呼口号。

母亲在厂里的部门属于科研部门，是很安静的“激光科研

_ 母亲 _ 243

室”，上班要穿白大褂。看到母亲在这样的环境下工作不知道怎么觉得很不好意思，因为我认为真正的工厂应该是科研室之外的样子，应该像金工车间、总装车间，那里有大吊车，无数个车床，各式零件在车床上被钻头钻得火星四射。我认为真正的工厂是工人们穿着油腻腻的工作服，戴着油腻腻的大手套。还有电焊工，用一个大罩子罩住脸，只留一个黑黑的像墨镜一样的小方口，喷出蓝色火焰的电焊枪一接触钢铁便喷溅出刺眼的火星。

但是有一阵母亲也从科研室下到车间劳动。母亲也像其他工人一样负责一个车床，用比钻石还要硬的金刚钻去打磨零件。有时候中午她来不及回家给我们做饭，我和妹妹就到车间去找她，拿上饭盒和钱票、粮票去厂食堂打饭，回到车间和母亲一起吃。我非常喜欢走进食堂以后那里散发出味道，那不仅仅是饭菜的香味，还混合着打饭工人身上的机油味，剩饭菜的泔水味，大锅菜所特有的一点点沤了的味道。总之，那里弥漫的是一种让人感到安全的味道。

打回饭我们就回到车间，在母亲的机床边上和其他工人一起吃饭。那种感觉比在家里吃要好多了，而且饭菜的味道也更香。有时还能吃到其他工人家里送来的菜，吃到别人家的菜总

_ 王小帅 _ 薄薄的故乡 _ 244

是感觉比自己家的好吃，这似乎也是很多孩子共同的感受。

直到今天我依然很少从母亲口中听到一句超乎日常的话语，母亲和我们的关系就是饭菜的联系。

唯一吸引我去母亲科研室的，是那里的一件特殊的东西，它的形状像一把小手枪，有枪管、枪托、扳机，如果拿着这把枪出来玩，小朋友们肯定会羡慕的。那是一把激光枪。拿着激光枪，对着一个物件扣动扳机，就会射出一线蓝色的光，就像现在市场上卖的激光笔。母亲说这叫激光，用这道激光可以测量许多数据。我听不懂。但拿着枪，扣动扳机，让蓝色的激光随意地射向房间里的各个角落，这个过程让我兴奋极了。“不能照人的眼睛。”母亲说。这份经历又使我生出了一种说不上来的隐秘感觉，这种感觉接近某种优越感，因为只有我能进到这个干净而神秘的地方来。

母亲做事很慢，同样的事情，别人家妈妈用一个小时就能做完，母亲可能会埋着头做三个小时，特别是做饭。家里要请客人吃饭，母亲从上午就要开始准备，买完菜回来她就会一直在厨房里，不知道忙些什么，直到客人来了，她还在做菜。然

_母亲 _245

雨中打伞的人。令人惊讶的是电线杆上的两个字"光厂"。显然应该是新光厂(新添光学仪器厂的简称),不经意的俩个字留下了印证。前面的"新"字显然由于电线杆的弧度而无法看见。

_王小帅 _薄薄的故乡 _246

似乎从未见她停下来过

后客人边吃母亲边一个个上菜，直到客人吃完喝完，她还会在厨房里弄最后一道菜。父亲又是个急性子，几个菜摆好就招呼客人开始吃，不让人家等母亲忙完上桌，往往这个时候我很讨厌父亲，我会不吃，走到厨房里陪着母亲，看看她有什么需要帮忙的。好像我只要不吃，至少还有一个人是陪着母亲的。

所以，我的印象中母亲的一生就是这样一直低着头，弯着腰，从早忙到晚。[redacted]早饭、中饭、晚饭，买菜、洗菜、做菜，买布、裁布、缝纫衣服……年复一年，日复一日，重复着。

母亲的一生除了工人，还做过另一个工作，就是教师。那是我们随父亲调往武汉以后，母亲进入了武汉华中工学院，成了一名大学老师，当时我惊讶极了，母亲怎么可能摇身一变成了大学的老师了？父亲开玩笑说那可是要误人子弟了，我们都笑。父亲开这个玩笑是有一定典故的。在贵阳和武汉，关于我们学习上的事情，除了画画，其他的父亲基本是不管的，我的文科也还好，就是数理化越到后来越跟不上，而这方面是由母亲负责的，可是每次母亲辅导我的时候几乎都是灾难。母亲说话嗓门又大又快，逻辑容易混乱，讲着讲着就会跑偏，就算是就题论题，就方程式论方程式，也会从开始的一个点跑到不着

_母亲 _247

边际的另一个点。有时候她低头在纸上划拉一大堆，边划边讲，而我已经在边上睡着了她也毫无察觉。就像平时，母亲如果要叙述一个事情，要说 A，然后会跑到 B 身上，为了描述 B，又跑到了 C 身上，错愕的听众这时已经全然等不到她把话题拉回到 A 了，这个时候她往往都会被父亲打断。所以大部分这样的辅导总是以母亲的气急败坏而告终，因为我会说她在说什么我完全听不懂。父亲也会冲进屋，说："你叽里呱啦地说一堆，别说他听不懂，我听得都是一头雾水。"

所以母亲要去大学当老师，要在讲台上去给几十个大学生去讲微积分，讲各种奇怪的方程式，她会是一个受欢迎的老师吗？我好奇地去看过她上课，我偷偷地溜到她教室的外面，果不其然，她讲课的方式和给我做辅导时一样，嘴里不停地说，身后的黑板上画满各种符号、方程式，学生们已经东倒西歪她也全然不顾。

结果就是，下课后不停地有一拨一拨学生到家里来请她继续辅导。学校给母亲在校园里分了一个宿舍，因为我也在学校的附中上中学，所以大部分时间我们就住在学校母亲的宿舍里，周末才回南望山父亲那里。母亲的宿舍是在一楼，门前有一片空地，空地上有许多法国梧桐树。我看见那些三三两两的

_王小帅 _薄薄的故乡 _248

学生追到家里来，母亲就热情地在门口摆上桌椅，继续跟他们讲授。阳光透过梧桐树茂密的叶子照下来，斑驳地洒在院子里，母亲低着头在讲义上划来划去，口里继续不停地说着，学生们围坐在她身边，努力地探着头。我看着这一幕，心里会想他们会不会和我一样，感觉是在听天书一般？

从 1981 年到她退休，母亲硬是在教师这个岗位上工作了将近二十年，春去秋来，也算是桃李满天下了吧。

多年以后，我的儿子，也就是她的孙子也同样遇到了这方面的问题，母亲自然地担当起课外辅导的任务，有趣的是，一切仿佛又在重演。母亲趴在桌子上，用铅笔在她孙子的作业本上划来划去，儿子茫然地坐在那里，看着喋喋不休的奶奶。如果他没听懂，母亲就会越来越气急败坏。儿子经常用茫然的眼神看着我，我心里感慨，生活真是神奇啊。

后来我学会宽慰母亲，说其实不是她讲的不好，实在是我继承基因

关于母亲怎么一下子变成一个大学老师这个问题一直是我的一个疑问，直到最近才算解开。在最近的一次同学聚会上，遇到几个比我大几岁的新光厂子弟，他们竟然说母亲是他们的高中老师。那是在“文革”结束之后，为了一些适龄的职工孩子上高中，厂里决定除小学部初中部之外再办一个高中部，由于

_ 母亲 _ 249

缺少师资，厂里就从各个车间调配相对合适的人员进入学校，母亲就这样被临时抽调进了高中部，当上了老师，教授数学和物理，直到我们离开。

我听完这些极度错愕，因为母亲的这一大段如此重要的经历在我的记忆中却是完全空白的。按理说这是不可能发生的事情，因为我们子弟学校的初中部和高中部实际是在一个楼里的，我每天上学下学，怎么可能连母亲也在同一个楼里当了那么多年老师都没有一丝的印象？回来以后我马上向母亲求证，她也觉得奇怪我怎么会失忆得如此彻底。

不过这也正好解释了为什么到了武汉，母亲能很顺利地进入华中工学院这件事情了。

晚年的母亲和父亲生活在北京，和以前一样一刻也不闲着。有一度她还要照顾她一百多岁的母亲，我的外婆。我似乎感到她内心升腾起了比以前更伟大的责任感，她要照顾我那足不出户的父亲，照顾生活在城市另一边的自己的孙子，照顾另一个小区里她自己的母亲，还要参加自己小区里组织的老年人合唱团，她竟然是执行团长！简直比年轻的时候还要活力四射！她熟悉所有的公交车和地铁线路，每天拉着中国老年人特有的拉

_ 王小帅 _ 薄薄的故乡 _ 250

杆包，四处奔跑。

如今，父亲不在了，外婆也于去年以107岁高龄离世。她的孙子、女儿和外孙也已经远在异国他乡，需要母亲照顾的人突然减少了，她拖着拉杆车的脚步放慢了，一步一步地多了几分茫然。但是她很快学会了用微信，每周不定期地与孙儿们视频。小区的老年人合唱团每周依旧要排练几次，他们深情地唱着二十世纪六七十年代的歌，很多是苏联歌曲。

她依然心无旁骛，不管你社会怎样变化，[redacted] 在她的眼里，当前最大的任务就只剩下怎么给我做一顿饭了。

“帅，你要吃什么？我来做。”

_ 母亲 _ 251

居然在旧物里找到了印象中一直压在玻璃板下面的父亲的小油画，而且有题字，叫《古老的伞》。问了母亲之后才知道，它不像看起来那么抽象，是有故事内容的。母亲说这是她和父亲的第一次约会，那天正好下雨，他们打着伞坐在公园的长椅上，那个伞下的红点，是母亲辫子上的蝴蝶结。

_王小帅　　_薄薄的故乡　　_252

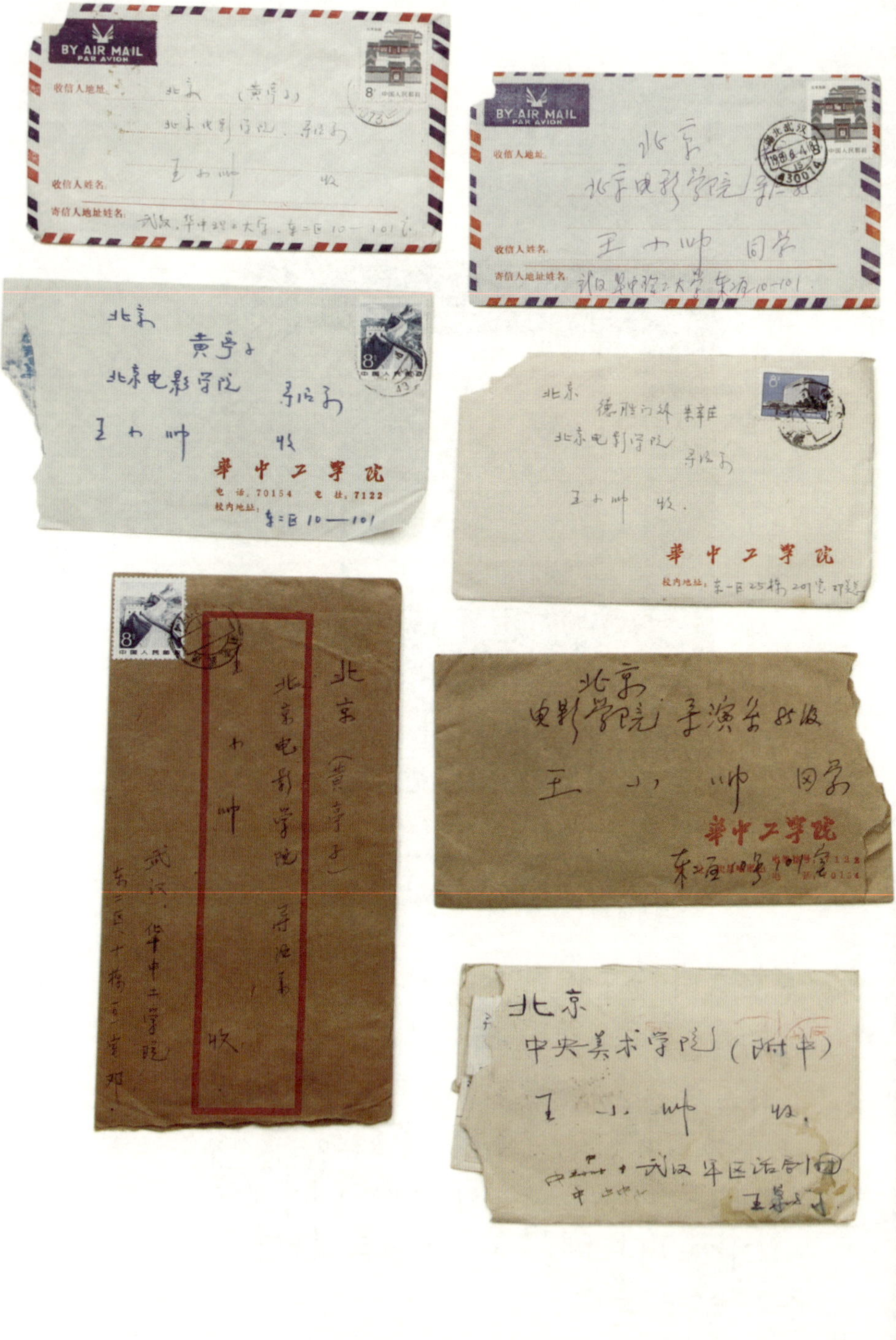

253

信件 日记 剧本

父母的信件就如同日记一样，记录了那些你可能早就遗忘了的日子，同时在他们的点滴絮叨中你会突然发现，他们是如此爱你。

_王小帅 _薄薄的故乡 _254

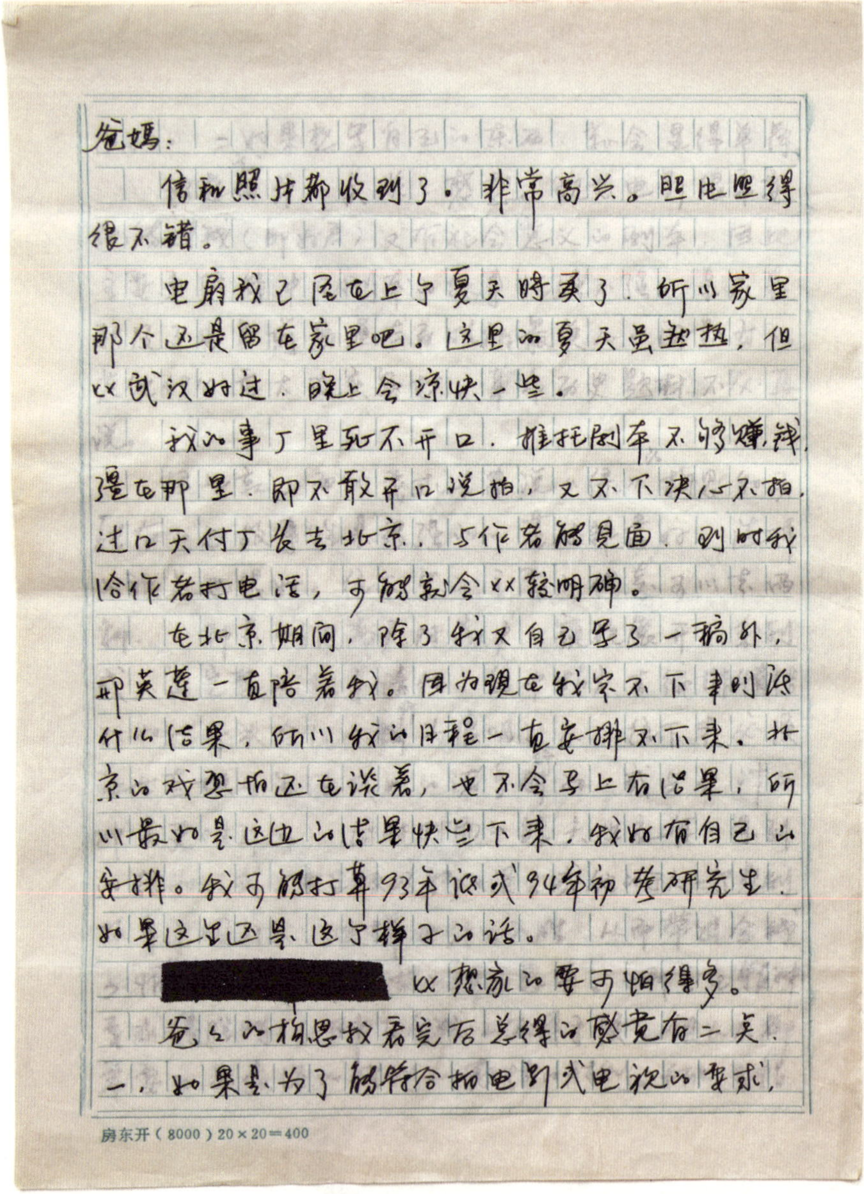

爸妈：

信和照片都收到了。非常高兴。照也照得很不错。

电扇我已经在上个夏天时买了。所以家里那个还是留在家里吧。这里的夏天虽然热，但比武汉好过。晚上会凉快一些。

我的事厂里死不开口。推托剧本不够赚钱，僵在那里。既不敢开口说拍，又不下决心不拍。过几天付丁要去北京，与作者能见面。到时我给作者打电话，可能就会比较明确。

在北京期间，除了我又自己写了一稿外，邢英莲一直陪着我。因为现在我定不下来到底什么结果，所以我的日程一直安排不下来。北京的戏想拍还在谈着，也不会马上有结果，所以最好是这边的结果快点下来，我好有自己的安排。我可能打算93年底或94年初考研究生。如果这边还是这个样子的话。

[redacted]比想家的要可怕得多。

爸爸的构思我看完后总得的感觉有二点。

一，如果是为了能符合拍电影或电视的要求，

房东开（8000）20×20＝400

_信件、日记、剧本 _255

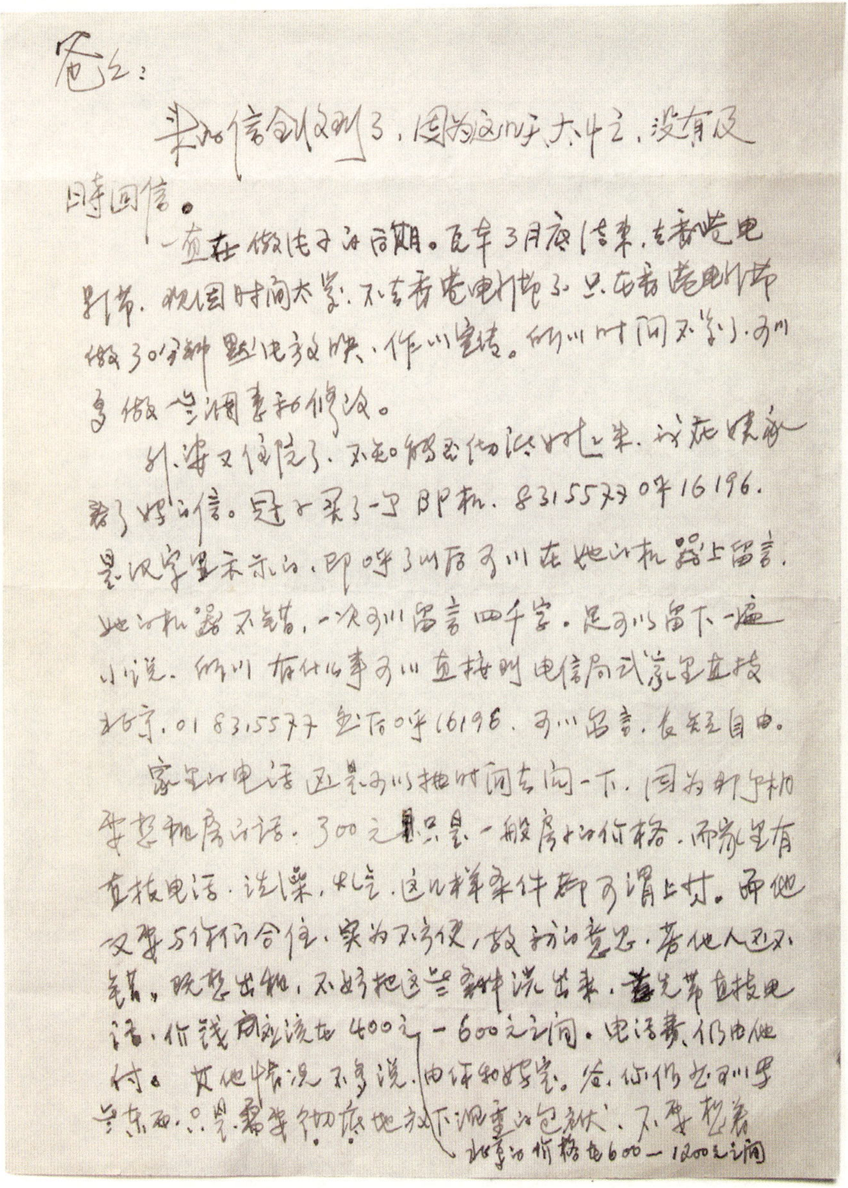

爸妈：

来的信全收到了，因为这两天太忙，没有及时回信。

一直在做电子的后期。要在3月底结束，去香港电影节。报名时间太紧，不去香港电影节了。只在香港电影节做30分钟点的放映，作为宣传。所以时间不紧了，可以多做一些调整和修改。

外婆又住院了，不知病情如何的时候来，我在情况 [illegible] 好的信。建了买了一个BP机，8315577呼16196。是汉字显示的，即呼了以后可以在她的机器上留言，她的机器不错，一次可以留言四千字，足可以留下一篇小说。所以有什么事可以直接对电信局或家里直接北京，01 8315577 然后呼16198，可以留言，很自由。

家里的电话还是可以抽时间去问一下，因为那个机要总机房的话，300元只是一般房子的价格，而家里有直接电话，洗澡，做饭，这几样条件都可谓上等。而他又要与你们合住，实为不方便，故我的意思，若他人还不错，既想出租，不好把这些东西说出来，若先装直接电话，价钱应该在400元—600元之间（北京的价格在600—1200元之间）。电话费仍由他付。其他情况不多说，由你和妈定。爸，你们也可以买些东西，只是需要彻底地放下沉重的包袱，不要想着

我给父母的信件大都已经遗失了，这是仅剩的两封

_王小帅 _薄薄的故乡 _256

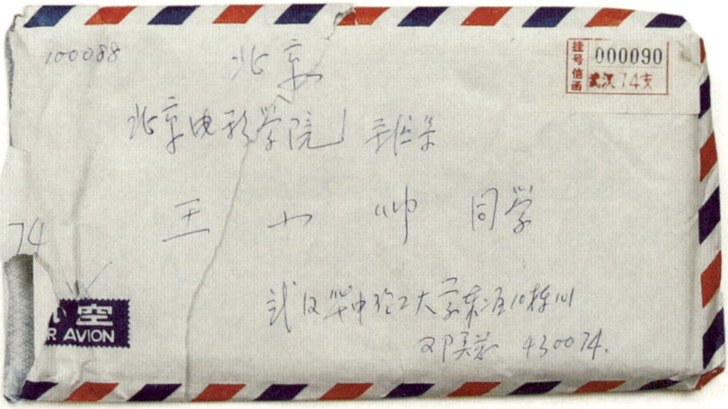

父亲在信中帮我分析去福建的利弊，信封是母亲写的

_信件、日记、剧本 _257

华中工学院教师备课用纸

小叶：

知你好之一年，刚写完了供你论结论者的一封信，不知适合适否。现在可以随便你挑了。

去福州可能和明月在生方面，这是真实的事情，一切正如信中所说，不再重复。

优点，也可能成为扎打实上去些：

福州为其之首事记，优点至于不利。①福州面对台湾，我们国家早已指定福州为台湾亲资；广州为香港亲资。可见它的价值。沿海开放城市，福建有四处是全真的重点。福建省对世界的视域可比广州大，因为浙南侨一带都是华人的天下，特别是台湾，台湾现有700亿美元的盈余（我国是四百亿美元的库存，两则相比，相差之大）近年已有三个小国家与台湾建交（中国为此与它们断交）可见今后台湾的发展如同一本一样。福建称为侨乡，台湾、菲律宾、新加坡一带的富翁都与福建有关，如果这些人在中国投资的话，首先是福建，由此可见福建的开放将早于内地其它省份。②福建虽在东南边，但交通已有改进，两条铁路直达北京（目前是经上海，最近九江大桥已完工，今后还可经武汉直达北京）有去广州的火车，有去广州、厦门、上海的海船。③福建靠南方，而你对南方的生活了解较少。尽管我认为我在读汉时的时候，曾在我省海边，还看到民间渔船归来，其生命力、色彩、人们的生活是太富于戏剧性了，真想打进去了解、体验，可惜我不懂。如果你能去那里，了解另一个世界的风土人情，那是很好的选择啊。

1701504 1

_王小帅 _薄薄的故乡 _258

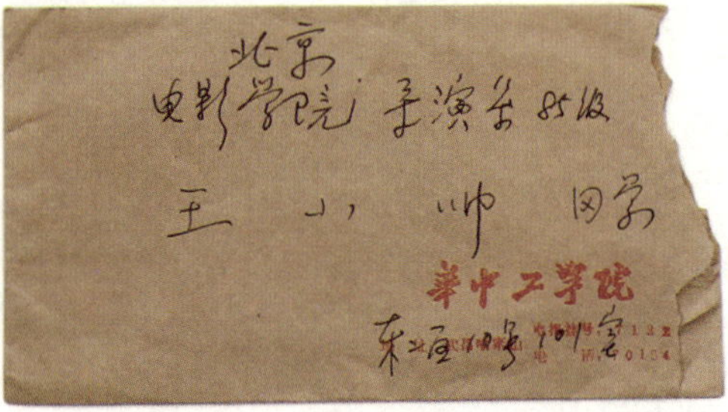

母亲的来信中，全是家长里短。

_ 信件、日记、剧本 _ 259

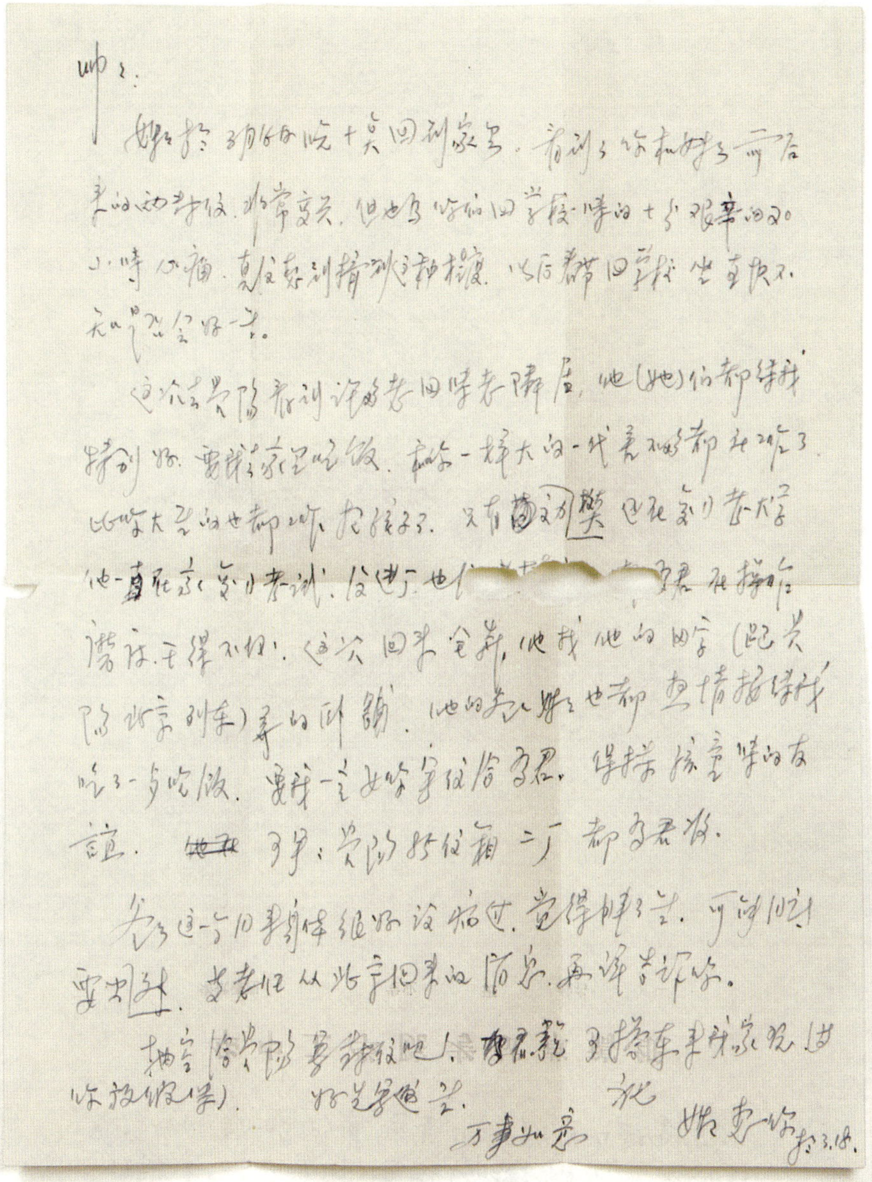

帅帅：

姐姐于3月16日晚十点回到家里，看到了你和[illegible]的[illegible]信，非常高兴，但也为你们回学校时的十分艰辛的20小时心痛，真佩服[illegible]精神和毅力。以后[illegible]回学校[illegible]不知[illegible]会好一点。

这次去贵阳看到许多老同学老邻居，他（她）们都待我特别好，要我去家里吃饭。和你一样大的一代青年们都[illegible]，比你大些的也都[illegible]了。只有[illegible]也在贵州[illegible]，他一直在贵州[illegible]。你也[illegible]在[illegible]不错。这次回去全靠他找他的同学（起先[illegible]北京列车）来的卧铺。他的老人、姐姐也都热情款待我吃了一顿饭。要我一定代你问候[illegible]。保持[illegible]时的友谊。[illegible]贵阳85[illegible]二厂都[illegible]。

爸爸这一个月来身体很好，没病过，觉得胖了些。可能[illegible]要[illegible]。等[illegible]从北京回来的消息，再详告诉你。

[illegible]

好好学习。

祝

万事如意

姐姐 3.18.

_ 王小帅 _ 薄薄的故乡 _ 260

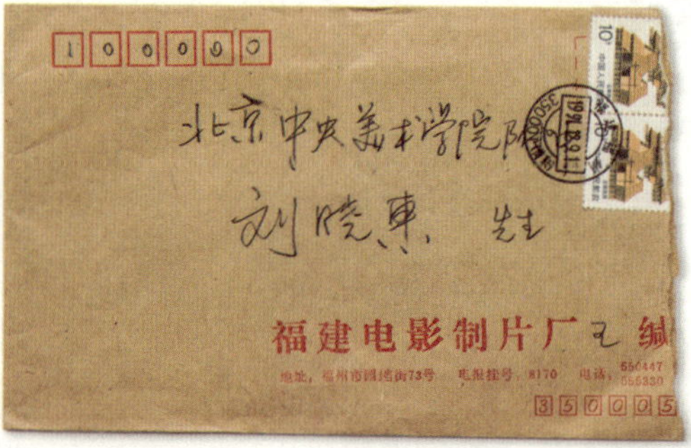

到了福建以后，给刘小东和喻红写的唯一的一封信，后悔当时太懒，多写几封就好了。感谢他们居然还保存着

_信件、日记、剧本 _261

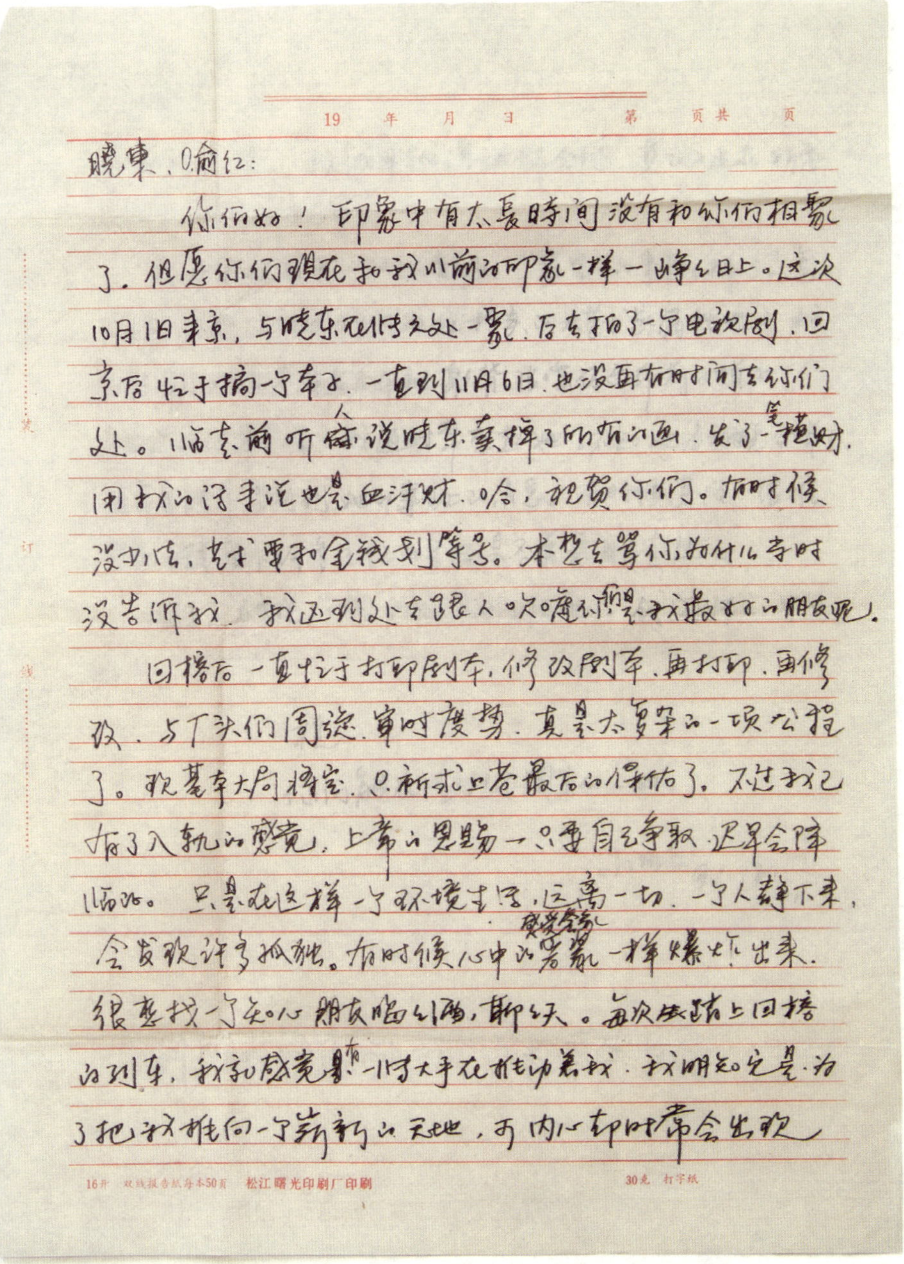

19 年 月 日 第 页共 页

晓东、喻红：

你们好！印象中有太长时间没有和你们相聚了。但愿你们现在和我以前的印象一样一蒸蒸日上。这次10月1日来京，与晓东在传文处一聚，后去拍了一个电视剧，回京后忙于搞一个本子，一直到11月6日，也没再有时间去你们处。临去前听人说晓东卖掉了所有的画，发了一笔横财，用我的话来说也是血汗财。哈，祝贺你们。有时候没办法，艺术要和金钱划等号。本想去骂你为什么当时没告诉我，我还到处去跟人吹嘘你是我最好的朋友呢。

回榕后一直忙于打印剧本，修改剧本，再打印，再修改，与厂头们周旋，审时度势，真是太复杂的一项工程了。现基本大局稳定，只祈求上苍最后的保佑了。不过我已有了入轨的感觉，上帝的恩赐一只要自己争取，迟早会降临的。只是在这样一个环境生活，远离一切，一个人静下来，会发现许多孤独。有时候心中的苦累(?)一样爆炸出来，很想找一个知心朋友喝喝酒，聊聊天。每次去踏上回榕的列车，我就感觉是有一只大手在推动着我，我明知它是为了把我推向一个崭新的天地，可内心却时常会出现

16开 双线报告纸每本50页 松江曙光印刷厂印刷 30克 打字纸

_王小帅 _薄薄的故乡 _262

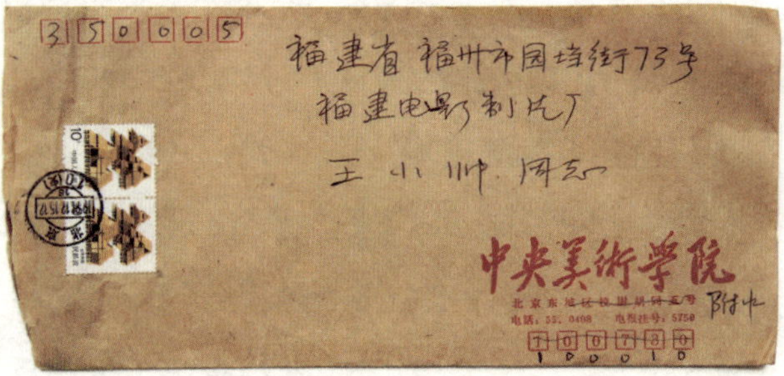

我也庆幸保存了他们给我的回信。

_信件、日记、剧本 _263

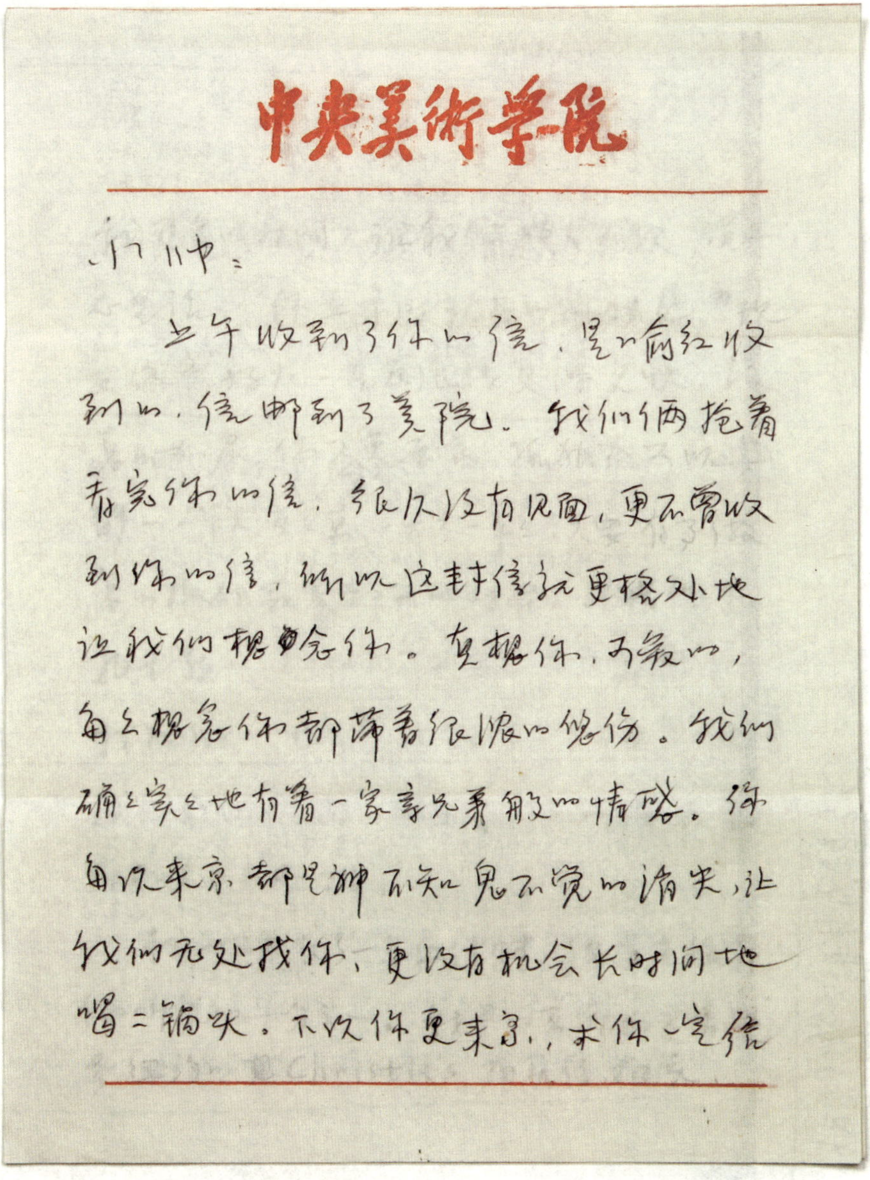

中央美術學院

小帅：

上午收到了你的信，是小俞红收到的，信邮到了美院。我们俩抢着看完你的信，很久没有见面，更不曾收到你的信，所以这封信就更格外地让我们想念你。真想你，不骗你，每每想念你都带着很深的忧伤。我们确确实实地有着一家亲兄弟般的情感。你每次来京都是神不知鬼不觉的消失，让我们无处找你，更没有机会长时间地唱唱[illegible]。下次你再来京，求你一定给

_王小帅 _薄薄的故乡 _264

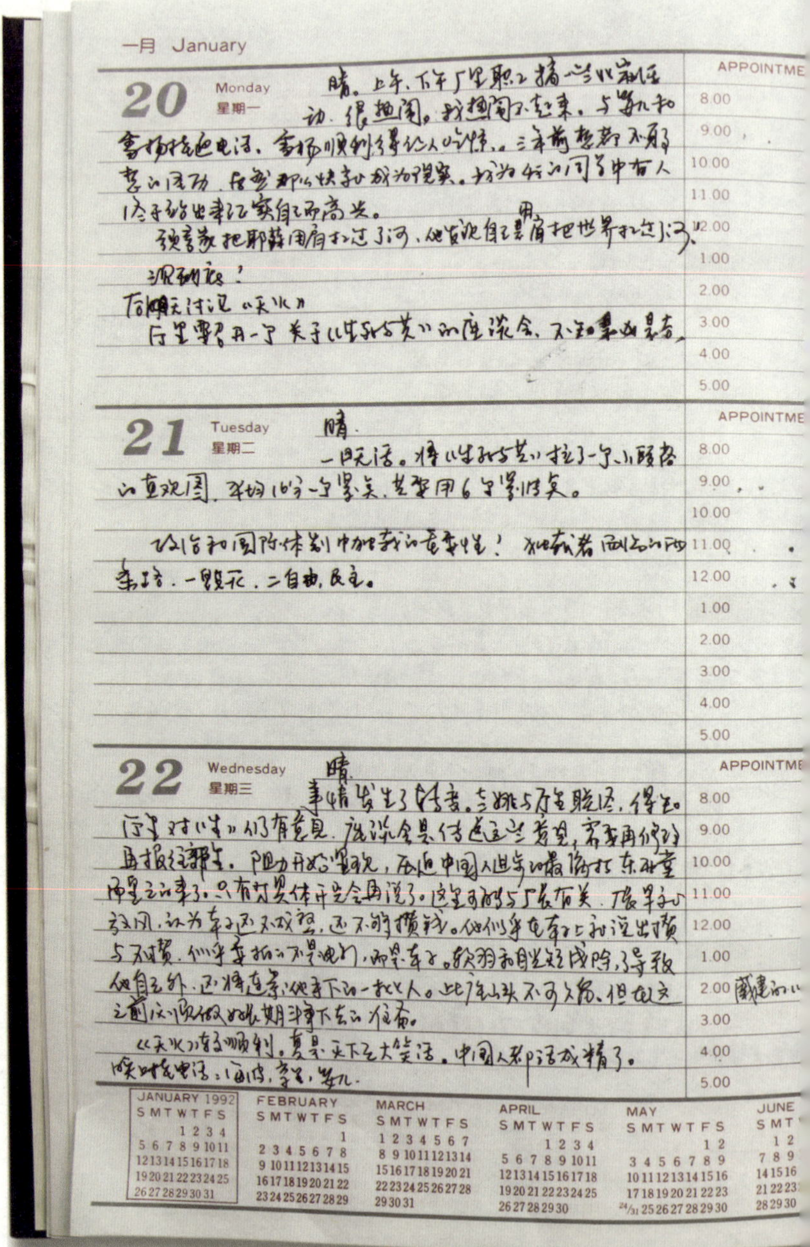

完全忘了，在福建期间自己还写过
日记，但好像也没有坚持多久

_信件、日记、剧本 _265

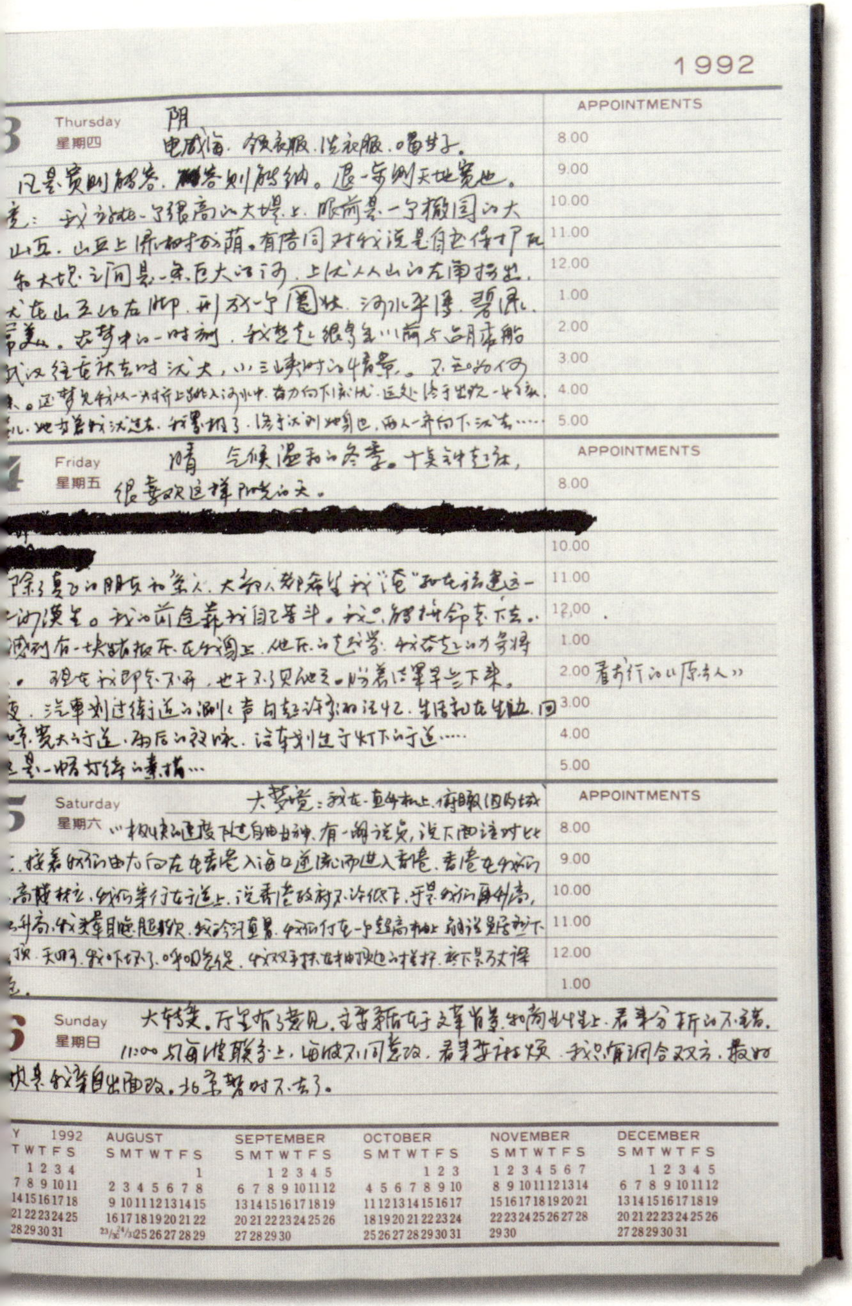
1992
Thursday
星期四
阴
APPOINTMENTS
退一步则天地宽也。
Friday
星期五
晴
很喜欢这样阳光的天。
[redacted]
看古行的《原乡人》
APPOINTMENTS
Saturday
星期六
APPOINTMENTS
Sunday
星期日
北京暂时不去了。
1992
AUGUST
SEPTEMBER
OCTOBER
NOVEMBER
DECEMBER

_ 王小帅 _ 薄薄的故乡 _ 266

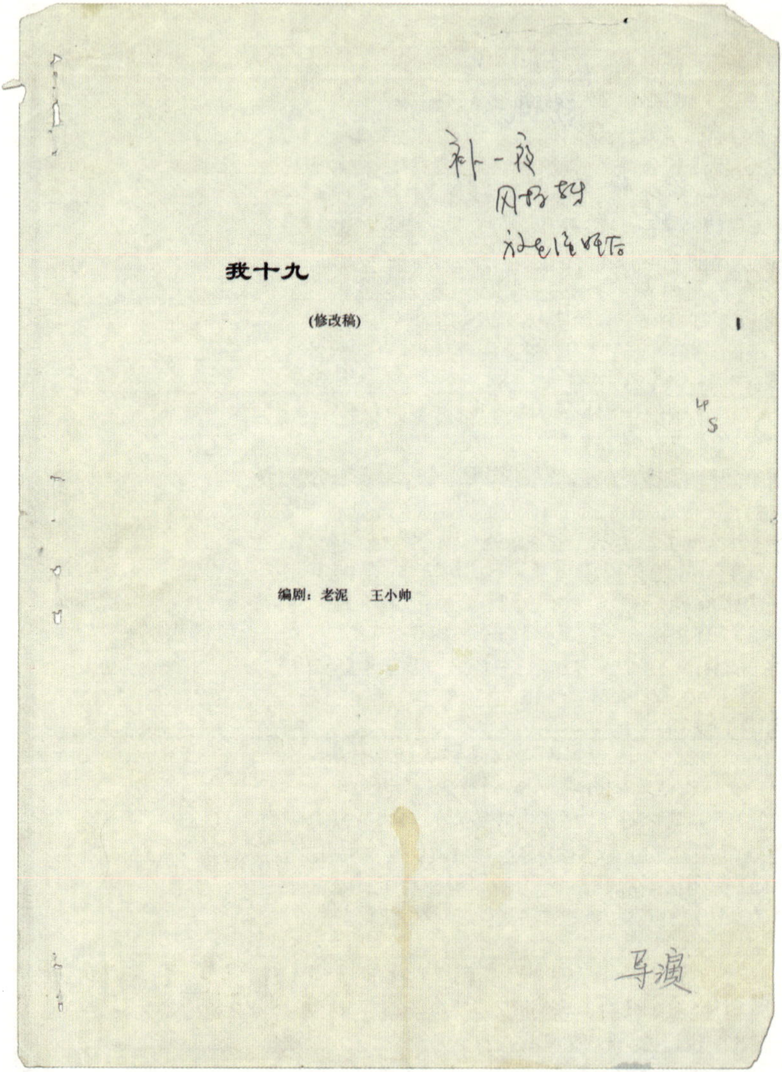
补一页

我十九

(修改稿)

编剧：老泥　王小帅

导演

《青红》是影片的最终定名，原始的构架是早期写的《美好的愿望》，后来分解成《我11》和《青红》，《青红》的原定名是《我19》，修改的。

_信件、日记、剧本 _267

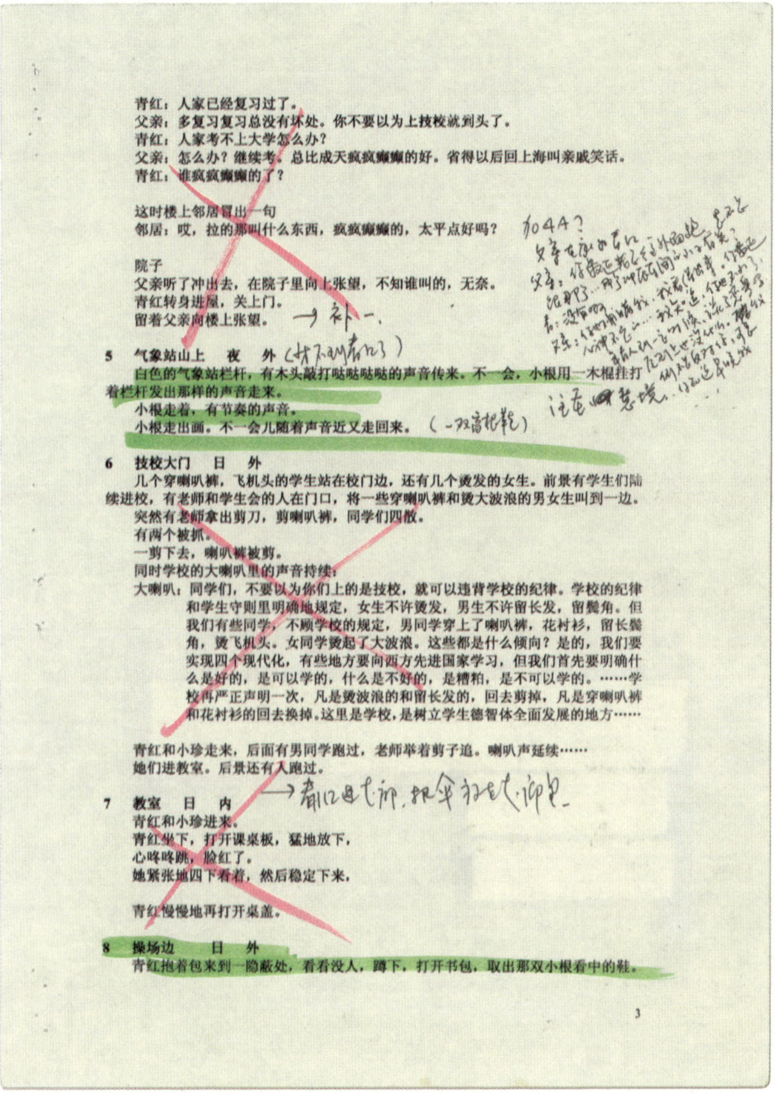

青红：人家已经复习过了。
父亲：多复习复习总没有坏处。你不要以为上技校就到头了。
青红：人家考不上大学怎么办？
父亲：怎么办？继续考。总比成天疯疯癫癫的好。省得以后回上海叫亲戚笑话。
青红：谁疯疯癫癫的了？

这时楼上邻居冒出一句
邻居：哎，拉的那叫什么东西，疯疯癫癫的，太平点好吗？ 加4A？

院子
父亲听了冲出去，在院子里向上张望，不知谁叫的，无奈。
青红转身进屋，关上门。
留着父亲向楼上张望。 →补一。

5 气象站山上 夜 外
白色的气象站栏杆，有木头敲打哒哒哒哒的声音传来。不一会，小根用一木棍挂打着栏杆发出那样的声音走来。
小根走着，有节奏的声音。
小根走出画。不一会儿随着声音近又走回来。（一双高跟鞋）

注意意境

6 技校大门 日 外
几个穿喇叭裤，飞机头的学生站在校门边，还有几个烫发的女生。前景有学生们陆续进校，有老师和学生会的人在门口，将一些穿喇叭裤和烫大波浪的男女生叫到一边。
突然有老师拿出剪刀，剪喇叭裤，同学们四散。
有两个被抓。
一剪下去，喇叭裤被剪。
同时学校的大喇叭里的声音持续：
大喇叭：同学们，不要以为你们上的是技校，就可以违背学校的纪律。学校的纪律和学生守则里明确地规定，女生不许烫发，男生不许留长发，留鬓角。但我们有些同学，不顾学校的规定，男同学穿上了喇叭裤，花衬衫，留长鬓角，烫飞机头。女同学烫起了大波浪。这些都是什么倾向？是的，我们要实现四个现代化，有些地方要向西方先进国家学习，但我们首先要明确什么是好的，是可以学的，什么是不好的，是糟粕，是不可以学的。……学校再严正声明一次，凡是烫波浪的和留长发的，回去剪掉，凡是穿喇叭裤和花衬衫的回去换掉。这里是学校，是树立学生德智体全面发展的地方……

青红和小珍走来，后面有男同学跑过，老师举着剪子追。喇叭声延续……
她们进教室。后景还有人跑过。

7 教室 日 内
青红和小珍进来。
青红坐下，打开课桌板，猛地放下，
心咚咚跳，脸红了。
她紧张地四下看着，然后稳定下来。

青红慢慢地再打开桌盖。

8 操场边 日 外
青红抱着包来到一隐蔽处，看看没人，蹲下，打开书包，取出那双小根看中的鞋。

3

_王小帅 _薄薄的故乡 _268

269

附录

王小帅父母回忆“三线”

节选自 2009 年夏天的采访，程育海采访整理

_ 王小帅 _ 薄薄的故乡 _ 270

母　亲

邓美慈

那一年，我 28 岁。

1966 年 5 月 22 日，我们家小帅出生，在医院生他的时候，就知道毛泽东的“我的一张大字报”了，后来因为坐月子时贪凉，得了肺炎，咳痰里有血，就住进了戏剧学院旁边的医院。上海光学仪器厂属于军工，我毕业才到这边。我是哈尔滨工业大学的，1963 年毕业——本来应该是1961 年毕业，因为参加全国运动会什么的，晚毕业了两年——那年我跟一个男同学到了厂子里。当时我已经结婚了，小帅爸爸在上海留校，我才有机会到上海，像我那些同学，全部都到了部队系统。我到贵阳是1966 年国庆前，这个印象很深。上海新光厂是搞军用光学仪器，我是设计部，搞潜望镜。按照当时说法，一个都不准落下，必须都去。生小帅的时候，搞基建（厂子基础设施建设）的人都已经走了，设计部也走了，装配车间的人还没走（负责把设计图纸落实为具体产品的制造单元），我生病嘛，那时候就想，赶快治，好了赶紧过去，让医生加倍用药，好了，这才跟着车间一起走。去贵阳前，“文化大革命”还没有爆发，听说好像是蒋介石要反攻大陆什么，所以要到三线去。当时

_ 附录　　_ 271

消息也不确切，各种说法都有，还有人讲：三线有林彪的基地，他要在那里搞自己的基地，“三线建设”只是一个掩护……反正口号天天喊：“深挖洞、广积粮，备战备荒为人民。”当时的人，完全不像现在，完全觉得是应该去。很少、很个别的人家不去，比如我们单位有个独生子女，他们家觉得不能让走，因为是独生子嘛，这一走肯定回不来了，家里不愿意，就想着让他老婆留下，后来险些给他戴上“牛鬼蛇神”的帽子。但是也谈不上主动、说积极要来，而是自然觉得要走。好像学校培养这么久，就该这么做。也不是说多么雄心壮志，但在自己的岗位上，做好一点的坚持还是有的，不会懈怠什么的。那一年国庆前，我、小帅、小帅爸爸和外婆，一起出发坐火车去贵阳。

去贵阳时候正赶上红卫兵大串联，虽然厂子的人专门一车厢，但到处都是红卫兵，卧铺什么的根本没有了，一到站他们就上来，挤得一塌糊涂，能有个地方就不错了，就这样走了两天两夜吧，才到了贵阳。

下火车到了贵阳，厂里安排车来接，我们就跟着回去。因为住房还没弄好，到了先在贵阳住，是在当时最热闹的十字大街往西去一点，厂里包下来一个旅店，我们在那里住了十来天。当时也没法做饭，我没奶了，小帅外婆就买点米到旅馆的厨房，求厨师帮忙煮点粥给我喝，所以，小帅其实是吃米汤长大的，后来到了厂子里，小帅大伯从南京买奶粉过来给他吃。

搬到厂里过了一段时间，小帅的舅舅要生老二了，招外婆过去，没人能照看小帅，送幼儿园他又哭得不行、不肯去，只好找人带，就找了“少伯少妈”。

_王小帅 _薄薄的故乡 _272

当时具体厂子过去贵阳多少人不太清楚，肯定有几千人，我是第二批过去的。为了光学镜头生产，还去了赤光厂。赤光厂主要是加工玻璃的，不然我们厂配套的玻璃得从上海运过来，就在远一点的地方建了赤光厂。因为我已经去晚了，到了就开始忙着设计图纸。

我们刚去时候，挺好的，大家还挺热火朝天的，但没多久就是“文化大革命”的状态了。

“文化大革命”的状态下，有一两年彻底不上班了，有些年轻人就趁着这个时间生孩子，还有的干脆跑回上海生孩子。当时武斗一度很厉害，有枪，不知哪里弄来的，互相攻击来攻击去。小帅爸爸厉害，凑热闹的地方不让我去，我们都没参加这些。那会人们都一样，没工夫反思生活、三线什么的，大家都一样，空下来无非商量去赶集吧，或者第二天去买鱼吧——等于人们在那里整天考虑的就是怎么生活。现在都记得很清楚，刚去贵阳时，那的西红柿都很小，整个供应也比较紧张，大家养狗、养鸡、排队买肉。印象很深，我们中间就一个男孩子还在坚持看书，我们不看书的，都叫他老学究。这个人有思想，觉得时间实在太浪费了，但是有什么用的，也没有地方发挥啊，时间绝对是浪费掉了。

计划经济时代，厂子效益都可以。

从 1966 年到 1981 年吧，厂子都还好呢，生产出来东西根本不愁卖不掉，到处都要的。

我们家里刚搬到武汉的时候，邻居赵德普到武汉出差聊起来，说厂里有进山费、补助什么的，收入比我好很多。但是到了后来就不行

_附录 _273

了，本来厂子是生产加工潜望镜，调试必须有水，贵阳这边没有，生产好设备必须到湖北调试，成本什么自然就高了，后来试验就搬到武汉了。加上计划经济结束后，我们产品再好，没用了，人家有钱就买外国的产品，一群人出差去外国培训什么的，我们的国产产品就开始卖不掉了。整体上，改革开放后一段时间，厂子就不行了，变成民用的了，车间也开始独立核算经营了，能跟外面合作的效益还行，没合作就很惨。装配车间最可怜，本来装配车间是最吃香的啊，但不好的时候最不好，因为只能搞我们的产品，油漆车间还能干私活，比较好。光学车间稍微好点，还能做个望远镜什么的。所以说，人们想走，也是生活上不行了才想离开的。最惨的还不是老一辈走不了的,是下一代。像小帅这种年纪还好点，比他大一点的孩子，中学毕业时候厂子效益还好，那会新光厂本身有个技校，像新添寨甚至贵阳——外面的孩子都想往技校里挤啊，那个时候计划经济，国家给发钱，能到技校来上学，都高兴得不得了，所以比小帅大一点的孩子，多数都上技校，这些厂里的就互相找对象了，后来没多久，厂子效益不行，这种两口子都是厂里的，早结婚、双职工，日子就苦得一塌糊涂了。

我们从来没有想过回上海，上海没有根啊，但只要能离开贵阳就好了，这个多亏小帅爸爸。其实，当时小帅爸爸跟着我到贵阳，委屈他了，如果按照现在的想法，小帅爸爸可以不去的，他又不是厂子里的人，但是当时的人不是这样。如果当时小帅爸爸不去，让我跟小帅过去，那真打仗的话怎么办。所以从某种程度来说，小帅爸爸是真的牺牲了他的事业。他当时在学校里很受器重的，上戏院长去拍地方

_ 王小帅 _ 薄薄的故乡 _ 274

戏——那个时候哪怕地方戏都要个导演，院长去拍戏，就带着小帅爸爸，他在这方面是很厉害的。

但是跟我到了贵阳，能干什么呢？那都是工人，随迁都是工人岗位对工人岗位，直接都对上了，他不一样，他是家属啊，他的工种对不上，只能先过渡到厂里，先胡乱安排一个工作，就到了工会，工会坐在办公室也没事，后来下了油漆车间。后来贵阳京剧团要排样板戏需要导演,听说了爸爸,他就从厂里调到贵阳去了。“四人帮”打倒了,他们演了《东进东进》，话剧活跃起来，他被借到贵州省话剧团，培养话剧学员，再后来，1977 年，武汉军区拍戏缺一个角色，都建议他，又被借去了，去了就问他：你怎么样，要不要参军啊。他有点害怕，但是想到我们能调出来，就硬着头皮上了。他借到武汉是 1977 年，一年以后我带着小帅和小帅妹妹去探亲，那是 1978 年，那个时候赵葆康他们几个人，还给我们照相什么的，这才琢磨着离开贵阳，打报告，按照部队那套程序。到了 1979 年底，正式离开。算下来，我们家属于比较早离开的，当时全厂只有另外一家人先于我们离开。说起来，如果当初不到贵阳，小帅爸爸的事业很可能比现在好，但是，中国人这一辈子啊，没法说的。

_ 附录 _ 275

_王小帅 _薄薄的故乡 _276

父　亲

王家驹

那时候，很多事挺突然。

1966年我30岁，莫名其妙听说要打仗了。什么苏修、反修、防修，赫鲁晓夫离开社会主义阵营了，要跟美国好，我们中国要坚持社会主义阵营。当时毛主席提到，经济和工业都在沿海一带，万一打仗很危险，要建设“大三线”，核心地带都在大山里，还有“大三线”“小三线”，重要的工厂都得去，这是第一印象。第二个印象是已经开始乱了，上海到处在挖地道，戏剧学院、儿童剧场什么的下面都挖，都打通了。戏剧学院已经闹得不行了，什么领导专家都成了有问题的人，成天游行批斗，红卫兵串联，已经乱了。还有讲，上海怎么办？不能建设了啊，楼房这么多，再建设地基就要塌下去了，要到大三线去，备战备荒为人民。

小帅妈妈工厂主要部门都走了，小帅才几个月，丢给我也不行。老实说，不跟他妈一起走，赖在上海也行，没人逼，但那时候经济太困难了，口袋里没有钱，坐个公共汽车几分钱还得考虑考虑，一家人分开怎么办？心里不高兴也没办法啊，明明知道到那去自己专业没有了、山里没地方发挥——我在上海戏剧学院已经待很久了，表演系教

_附录 _277

书四年，导演系教书三年多——离开确实挺可惜的，但谁管啊，没处讲理。也没人说别走，都是讲应该去，光知道一个大原则，叫走，就得走。想想那个时候人是很可笑的，都是没有个人欲望的、要求的。何况，上海社会已经动乱了，学生已经造反，舞美系造反，表演系保皇，导演戏等于是中立，学校已经乱七八糟了，复旦大学点火，一些老师被批斗。所以，还是走吧，心里是不高兴也没办法。

到今天，我不怨恨，因为是时代变迁，小帅妈妈做不了主，谁也做不了主，如果那个时候我没去，一家人分隔两地，我会一辈子难受的，家庭分开了，老婆到最困难的地方去了，我却没有，反而留恋大城市会让我一辈子后悔的，这没什么，但是话又讲回来，要是后来不到部队，真的一辈子在贵州了。

至于调工作的事什么的，我们都管不着这个事，新光厂就到我们学校把我档案一调就走了，这个谁敢阻止啊，建设大三线啊，我们都不知道，直接都是组织对组织部门。就准备离开就是了。当时，新光厂包了一截卧铺车，所谓卧铺车其实已经不是卧铺了，人挤在里头，都是坐的。我给小帅妈妈头上系了块红布，孕妇嘛。没两站，人都上来了，挤得一塌糊涂。小帅妈妈还大大咧咧的，一开始还跟人家聊天，后来那些上来人一看，她虽然是孕妇，但没什么事，人就都涌上来，不客气了。这列火车，挤得不得了。

起码火车坐了有两天吧，到了贵州以后，临时住在旅馆里头，因为厂里要派汽车把行李运到贵阳，我们先去，就在房子里住，临时，小

_王小帅 _薄薄的故乡 _278

红砖砌起来的房子。当时到贵阳坐车去，那个时候不像现在都是柏油路，都是土路。车停了我一看，惨啊，路边扔着好多家具——都是搬家来卸在路边的家具还没来得及搬——早去的人家，帮着晚去的人把那些东西拿下来，箱子啊，柜子啊……真像蚂蚁一样，就靠人一点点运。

后来就在那，我们分了一间房，外婆、小帅妈、小帅、我，因为是按照户口给的房子，外婆没有户口么，所以房子少。

当时去了，就把我分配在工会，因为工厂技术我没有啊。但工会就是一个架子，一天到晚坐办公室里，搞个登记什么的。

在厂里一段时间后，我开始到贵阳市里了。当时贵阳市有上海戏剧学院毕业的同学，可以过去，就问去话剧团还是哪，后来选择京剧团，因为当时样板戏吃香，我就到了京剧团。

大概半年多后吧，后来小帅外婆也要离开了，他妈妈要上班，没人带他了怎么办呢？就给他搞到幼儿园，当时小帅真是要命啊，去就哭，嗓子哭哑了，扁桃腺也大了，有一次我去看他，他抱住我就不放，手就往妈妈上班的方向指……后来实在没有办法，跟他妈商量，找个保姆吧。我们就晚上在公路上走啊走啊，我忘记了，为什么会抱着他走，一直走到大营坡，肉联厂那个方向，就瞎问，结果被告诉，有家人家想养孩子。去了一看，一个老太太和儿媳妇、儿子，问，人家说好好，会给小孩做肉饼吃什么的，看着挺和善的，第二天就把小帅给送了去。第二天，我去看小帅，一进屋，他一下就抱住我，栽到我怀里，动也不动。当时想安慰安慰他，从衣服里面摸摸他背，原来背上已经给蚊

_附录 _279

子咬的一个包一个包，哎呀，把我心疼的，也不好表现出来，就讲：谢谢你们。第二天，就跟小帅妈商量，这个不行啊。原来是怎么回事呢，楼房是儿子、儿媳妇住，小帅跟老人住在工棚里，于是赶紧把小帅接出来。

但还得再找啊，我们就往新添寨走，路边遇到一个小茅草屋，一家河南人，男的是拉板车的，他在小院里喝茶，就问，他说我婆娘就可以带。一进屋，最好的印象就是，他那个茶杯茶碗拿纱布蒙着。我们就把小帅放到这户人家，叫他们少妈、少伯。人家对小帅很好，一直到他好大了，才离开。有个时期知道，他们家到金沙去了。我记得小帅从人家出来的时候，怎么感谢人家呢，那个时候“的确良”吃香的很，就买了送去。他们家的故事，我后来写了一个《人脚马蹄》的小说，山区里面我们骑自行车都困难，拉板车拉东西得多辛苦啊，只能拉之字形。

那个时候，心里真是痛苦，作为老百姓我们只能洪流怎么走就怎么走，像河流里的沙子，冲到哪是哪。当时，上海光学仪器厂的产品在上海已经很成熟了，一下子搞到山区，所有原料要运到山里，生产出来东西再运出来……那个机器很精密的，稍微磕碰都不行，何况路还不好，新光厂初期，路都很差，不像后来改革开放了推倒山建房子、还修好了路。

当时三线迁移的人很多，都是家庭啊，举家探亲再大移动，那还得了。比如有一次我要到上海去，那个时候谁到上海大家都知道的，所有熟悉人都买东西，一到这个人要进站时候，上了火车像打冲锋一样，行

_ 王小帅 _ 薄薄的故乡 _ 280

李架全能给堆满，然后用绳子绕啊绕啊，所有人都这样，等到从上海回到贵阳时候，所有人来接车，再这样来一轮，全是一种劳民伤财。像现在小帅讲的精神财富，那是对他的职业，普通人哪里有这个啊，这对编剧是一种财富，但是对国家来说是个巨大的损失啊，修多少路、多少厂子呀，现在多少都空了。

这是人为制造的大移民啊，现在是好点了，可以实事求是说一说，我们国家就是这么过来的！

其实刚去贵阳，上海人在厂子里就成了一团了。当时说的是：谁也不能走！那离开一个就松动了嘛。有一天晚上我在新光厂住，大山区里工厂的高音喇叭在水塔上面，传出声音，喊我，说有个长途电话，快来接。我心想麻烦了，那时候长途电话不得了啊，肯定我妈死了，就噔噔往过跑，跑到厂里头的电话间，一接电话是我老同学，他说，武汉军区话剧团当时在全国已经很有名了，已经搞了三个大戏，有《曙光》什么的——那个时候四人帮刚打倒，能搞三个大戏，很不容易——就问我，愿不愿来部队了解一下，他们有要你的意思。我说我愿意。他们怎么知道我的？是上戏表演系主任和导演系主任，两个老专家刚刚被解放，跟武汉这边团长遇上了，就讲："我有个学生在贵州，很不安心，也很优秀，如果把他搞到你们部队来呢，可能对你们有用处。"那就联系联系，通过同学找到了我。

这完全是被动的，高兴啊，人家出路费什么的，我就过去。他们怎么了解我呢，就让我在《东进东进》里演一个角色，演完之后决定

_附录 _281

要我，那可高兴了，小帅妈妈他们，所谓随军家属，才有可能从贵阳被挖出来，到了武汉。小帅就走运了，碰上赵葆康、李辉、汤志良他们，算是学画画有了老师，后来考上美院附中。

好些个疮疤，现在都不揭了，不愿提这些了，提也没用。刚去贵阳的时候，内心都是痛苦的，比如上海人，娇生惯养惯了，被搞到那个地方去，连个抽水马桶都没有。我们住在四楼，要把马桶端下楼，拿到公共厕所去倒、洗。别人谁家男人谁倒马桶啊，人家会笑的，不管，我倒，我心想：我不倒不还是我老婆倒么？我就天天倒。类似很多这样的情况，过来的年轻人会高兴么？都是假象。不是人适应能力强弱的问题，是没办法啊，也不能抱怨、哭什么的，被发现会有问题，说你破坏三线建设的。

就算过去贵阳经济能维持了，想回到上海去，但怎么可能呢？离开十几年了，上海那边人家孩子都大了，房子还是那么大，生活都紧巴巴的，自己带着老婆孩子回去、插进去，别人肯定有意见啊，还有回去能生存下去么？那会可不像现在这么自由……都是问题，只能放弃了。这些三线年轻人其实是很可爱、很本分的一群人，乖乖地从一个地方挪到另一个地方，本来都是不该发生的事情，但就是发生了，还成了历史。

_ 王小帅 _ 薄薄的故乡 _ 282

283

刘小东 画

285

— 王小帅

…… 中国最具国际影响力的电影导演之一。

— 生于 1966 年。自北京电影学院毕业后，26 岁的王小帅自编自导了他的首部长片《冬春的日子》，该片成为中国独立电影开篇作之一，并于次年被纽约现代艺术博物馆收藏。此后，王小帅凭借其强烈的个人色彩与人文关怀、坚持不懈的独立创作精神，成为中国“第六代”导演中享誉国际的标签式人物。2001 年，他凭借《十七岁的单车》斩获柏林国际电影节评审团大奖银熊奖。2005 年，电影《青红》又令他成为戛纳国际电影节评审团奖的获得者，该片也首次把“三线建设”带入观众视野。近年来，他相继导演了电影《左右》《日照重庆》《我 11》，并于 2010 年获得法国文化艺术骑士勋章。一直到最新作品《地久天长》，王小帅仍坚持不走随波逐流的创作路线，在保持一脉相承的创作风格的同时，一方面力求电影语言的创新，另一方面敏锐捕捉时代脉搏。

…… 2019 年 电影《地久天长》获得第 69 届柏林国际电影节主竞赛单元金熊奖提名，该片两名主演王景春和咏梅获得最佳男、女演员银熊奖。

2018 年 纪录片《我的镜头》入围 IDFA 阿姆斯特丹国际纪录片电影节大师展映单元 MOMA 纽约当代艺术博物馆展映收藏。

2015 年 电影《闯入者》获得第 71 届威尼斯国际电影节主竞赛单元金狮奖提名。

2010 年 电影《日照重庆》获得第 63 届戛纳国际电影节主竞赛单元金棕榈奖提名、中国电影导演协会年度导演奖。

2008 年 电影《左右》获得第 58 届柏林国际电影节最佳编剧银熊奖以及特别关注奖。

2005 年 电影《青红》获得第 58 届戛纳电影节评审团奖。

2001 年 电影《十七岁的单车》获得第 51 届柏林电影节竞赛片单元评审团大奖银熊奖以及最佳新演员奖。

1993 年导演处女作影片《冬春的日子》，成为中国首批独立制片影片之一，入围柏林国际电影节青年论坛单元，被英国 BBC 选为电影诞生一百周年之百部最佳影片之一。

_王小帅 _薄薄的故乡 _286

一 作品

……

《冬春的日子》
The Days, 1992

《极度寒冷》
Frozen, 1994

《扁担姑娘》
So Close to Paradise, 1999

《梦幻田园》
The Dream House, 1999

《十七岁的单车》
Beijing Bicycle, 2000

《二弟》
Drifters, 2003

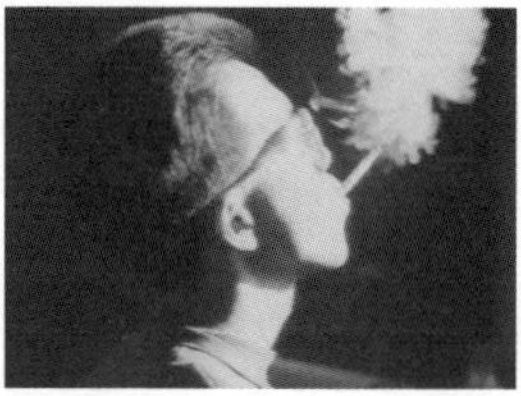

《青红》
Shanghai Dreams, 2005

《左右》
In Love We Trust, 2008

《日照重庆》
Chongqing Blues, 2010

《我 11》
11 Flowers, 2012

《闯入者》
Red Amnesia, 2014

_ 287

_王小帅 _薄薄的故乡 _288

一 作品

……

《我的镜头》
Chinese Portrait，2018

这部纪录片最初是由数十个固定镜头组成，每个镜头持续一卷胶片的长度——四分钟。后来因为胶片拍摄的难度太大，高清数字拍摄取而代之。但镜头依然是固定的四分钟长镜头，依然记录着未经处理的国家景象——普通百姓当下的各式各样的社会生活。

_ 289

_ 王小帅　　_ 薄薄的故乡　　_ 290

一　作品

…… 《地久天长》
So Long, My Son，2019

影片讲述患难与共的两个家庭因为一场有隐情的意外被迫疏远，他们在时代洪流下历尽伤痛与不安，人生起伏跌宕，最终选择面对真相，坦荡向前的故事。

_ 291

《地久天长》创作谈

王小帅

关于三小时时长

《地久天长》本身从时间上是跨度三十年的体量，从一个人的二十几岁到将近六十岁，空间跨度从中国的北方到南方，上千公里的跨度，用线性来讲的话，可能三五个小时也讲不完。相反，我想一个人的一生可能在时间线上都已经写好了，我们只需要从更高的角度把他在这个时间线上发生的一切，拿过来呈现给我们就行了。所以我打破这个时间线，把他们几十年的遭遇当成他们一生的一个缩影来写，所以时间的跳跃，或者非线性的讲述是有利于这个叙述的。一切都是为了你的电影，从你所叙述的事情和情感去考虑。

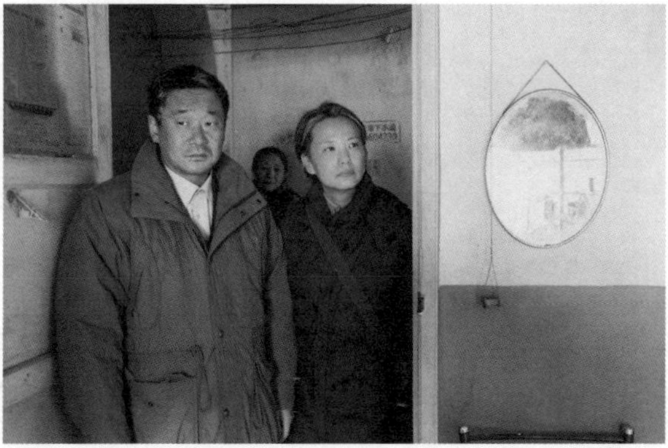

_ 王小帅 _ 薄薄的故乡 _ 292

关于印象深刻的细节

细节是必不可少的，它们在这个电影中的气韵和展示的生活才是最重要的。看王景春和咏梅两个人那种一以贯之的气场，呈现出角色一生的气质，他们没有演，就是根据故事情境，“生活”在剧组所缔造的环境中，他们的一呼一吸都透露出普通中国人的气质。

_ 293

如何评价两位主演的表演

隐忍和克制。这是我所喜欢的中国人的特质。虽然经历了很多，但最后都是隐忍的，吃苦耐劳的，能吃饱穿暖就觉得很幸福了。但是也不尽然，每个个体都不一样，景春和咏梅让我们感受到了一个我心中的中国人普遍有的一个特质。这里的隐忍，除了在生活里的，还有在表演理念上的。其实那种无痕迹的、隐忍的、没有那些外在表现的表演，才显得更加深沉、内敛和宏大。

_ 王小帅 _ 薄薄的故乡 _ 294

关于选择王源

王源的参演虽然获得了更为广泛的关注，但初衷并非出于商业考虑。
角色的年龄段是十五六岁，这个年龄成熟的演员很少。王源已经成名了，气质也合适，省去了我们到茫茫人海中寻找演员的过程。过去都是要去茫茫人海中找，还要看他是否有基础，需不需要训练。但王源是现成的。他已经可以应付大型演出，说明他骨子里有这个潜力，只是电影没有接触过。这也是他的选择。他的选择很重要。他长期在节目和音乐领域没有问题，但是不是要尝试演电影，是他自己的选择。年轻人也是有选择的，而且他也成年了。

295

296

图书在版编目（CIP）数据

薄薄的故乡 / 王小帅著. -- 北京：中信出版社，
2019.4
ISBN 978-7-5086-7217-5

I. ① 薄… II. ① 王… III. ①王小帅—自传 IV. ①K825.78

中国版本图书馆CIP数据核字(2017)第008287号

薄薄的故乡

著　　者：王小帅
出版发行：中信出版集团股份有限公司
（北京市朝阳区惠新东街甲4号富盛大厦2座　邮编　100029）
承 印 者：北京汇瑞嘉合文化发展有限公司

开　　本：880mm × 1240mm　1/32　　印　　张：9.25　　字　　数：148千字
版　　次：2019年4月第1版　　印　　次：2019年4月第1次印刷
广告经营许可证：京朝工商广字第8087号
书　　号：ISBN 978-7-5086-7217-5
定　　价：58.00元

出版协助

冬春电影
DONGCHUN FILMS

北京冬春文化传播有限公司

图书策划　楚尘文化

特别策划　刘璇
责任编辑　章武
编辑助理　于昕
营销编辑　宋嘉文
装帧设计　孙晓曦

出版发行　中信出版集团股份有限公司
服务热线：400-600-8099　网上订购：zxcbs.tmall.com
官方微博：weibo.com/citicpub　官方微信：中信出版集团
官方网站：www.press.citic